中央高校青年教师学术创新项目"智能合约多重应用场景中的法律规制"（2722023BQ025）研究成果

双层规制理论

程 乐 著

知识产权出版社

全国百佳图书出版单位

—北 京—

图书在版编目（CIP）数据

智能合约双层规制理论／程乐著. —北京：知识产权
出版社，2024.11. — ISBN 978‐7‐5130‐9469‐6

Ⅰ.D922.174

中国国家版本馆 CIP 数据核字第 2024QY7284 号

责任编辑：杨　帆　　　　　　　　责任校对：谷　洋
封面设计：乾达文化　　　　　　　责任印制：孙婷婷

智能合约双层规制理论

程　乐　著

出版发行：知识产权出版社有限责任公司　　网　　址：http://www.ipph.cn

社　　址：北京市海淀区气象路 50 号院　　邮　　编：100081

责编电话：010‐82000860 转 8173　　　　　责编邮箱：471451342@qq.com

发行电话：010‐82000860 转 8101/8102　　发行传真：010‐82000893/82005070/82000270

印　　刷：北京建宏印刷有限公司　　　　　经　　销：新华书店、各大网上书店及相关专业书店

开　　本：880mm×1230mm　1/32　　　　印　　张：7.375

版　　次：2024 年 11 月第 1 版　　　　　印　　次：2024 年 11 月第 1 次印刷

字　　数：185 千字　　　　　　　　　　　定　　价：58.00 元

ISBN 978‐7‐5130‐9469‐6

前　言

　　本书独创性地提出区块链智能合约的双层结构说。现有区块链智能合约研究所涉学科较广，如从信息技术角度剖析其运行机制，从法学角度研析其法律定义，从金融学角度分析其经济价值，从社会学角度缕析其社会价值，等等。研究者多从单一视角解释区块链智能合约的属性与价值，难以求得其真貌。本书提出区块链智能合约具有广义与狭义之分，并以此为基础剖析广义智能合约中存在自动履行条款和非自动履行条款的双层结构，这是现有研究没有注意到的智能合约的特点。该特点不仅解释了智能合约的性质与结构，更为其问题暴露和法律规制提供了研究路径。

　　区块链智能合约是一种以区块链为底层技术支持的自动履行程序，简称智能合约。智能合约具有双层结构，由"自动履行条款"和"非自动履行条款"组成。凭借自动履行条款"if A then B"的强制履行规则以及非自动履行条款确立的去中心化的交易模式，智能合约能在无权威第三方背书的情况下，满足交易对信任的需求，并在不依靠人力的情况下实现价值转移。智能合约的这一特点被认为是可改变经济、金融和社会系统的革命性创新，❶ 更引发了"算法是否可信"、❷"代码能否代替法律"、❸"智能合约能否取代传统合同"、❹"智能合约能否承担法院的部分职能"❺ 等诸多争论。

上述争论的解答，需要探寻区块链智能合约去中心化与自动履行的本质。无论是去中心还是自动履行，两者在一定程度上都面临合法性质疑。一方面，区块链智能合约的自动履行具有强制性，限制了"合约"订立后，履行过程中当事人变更、终止法律关系的权利，有违意思自治的私法基本原则。另一方面，在去中心化的交易模式中，智能合约缺少权威第三方的必要监管，存在侵害当事人财产权益的法律风险。不仅如此，去中心的区块链赋予了智能合约交易"无国界"的特点，由此引发智能合约交易争端的国际私法适用和国际监管难题。上述问题是阻碍区块链智能合约发展与推广的绊脚石，具体的解决思路应从智能合约条款本质出发，确定具有普适性的法律规制路径，最后在国际法上寻求协调、合作与统一之路。

而这些问题未能在理论上得到解释，盖因问题解决之逻辑线索未被找到。本书在对智能合约进行条款解构之后，挖掘了"自动履行条款"和"非自动履行条款"的双层条款结构。由此，智能合约及其条款的法律定性便有了"抓手"。明晰智能合约的条款结构、确

❶ Dan Tapscott, Alex Tapscott. Blockchain revolution: how the technology behind bitcoin is changing money, business, and the world [M]. London: Penguin, 2016: 105.

❷ 张欣. 从算法危机到算法信任：算法治理的多元方案和本土化路径 [J]. 华东政法大学学报, 2019 (06): 17.

❸ [美] 劳伦斯·莱斯格. 代码2.0：网络空间中的法律：修订版 [M]. 李旭, 沈伟伟译. 北京：清华大学出版社, 2018: 3.

❹ Sklaroff J M. Smart contracts and the cost of inflexibility [J]. U. Pa. L. Rev., 2017, 166: 263.

❺ 夏庆锋. 从传统合同到智能合同：由事后法院裁判到事前自动履行的转变 [J]. 法学家, 2020 (02): 22.

定其法律属性之后，不难发现前述法律问题根源于"自动履行条款"和"非自动履行条款"的履行逻辑和约定内容。由此，具体的理论解释、法律适用、风险防范都可以围绕智能合约的双层结构展开。

总之，在为区块链智能合约去中心的自动履行功能寻找合适解释路径，消除其权益侵害隐患，确定其国际私法适用和监管规则之前，揭示智能合约的私法构造，是研究的第一性问题。此问题涉及智能合约的技术特征与法律属性，需要解释智能合约与计算机程序算法的关系，以及与传统合同的关系。在明确智能合约法律构造的前提下，智能合约的去中心自动履行规则对既有私法交易权利义务关系的改造是研究的第二性问题。前述理论研究应服务于区块链智能合约的实际法律风险规制。虽然区块链智能合约具有创造信任、降低交易成本、提高交易效率、保护信赖利益等诸多优势，但也潜藏着限制意思自治、侵害当事人权利等诸多法律风险。在以上述问题为研究对象的情况下，区块链智能合约的国内与国际规制路径，是本书期望解决的最核心问题。具体而言，本书旨在解决的问题包括但不限于：其一，区块链智能合约的私法属性和法律构造。其二，区块链智能合约去中心化的自动履行能否在既有法律体系中寻得合适的解释路径。其三，区块链智能合约去中心化的自动履行具有怎样的法律效力。其四，区块链智能合约去中心化的自动履行是否不可变更地强制自动履行。其五，区块链智能合约去中心化的自动履行是否限制了当事人的意思自治。其六，如何消除去中心化与自动履行分别隐含的合法性质疑。其七，区块链智能合约国际私法适用规则的确定。其八，区块链智能合约国际监管的协调与合作。

概括而言，随着区块链应用的不断扩张，智能合约在获得新生的同时，给传统的民商事交易体系带来的冲击是全方位的。从微观上看，区块链智能合约的性质与定义需要明确，区块链智能合约需在私法交易体系中找到合适的法律定位。从中观上看，区块链智能合约强制执行、不可更改及代码的模糊性使得如何判断智能合约的法律效力，如何解释智能合约的订立、生效、履行、变更、解除等都成了需要回应的法律问题。从宏观上看，区块链智能合约在不借助中介的情况下，在陌生当事人之间创造信任、规范行为的价值可能改变人们的生活方式和交易习惯，进一步推动人类社会从熟人社会向陌生人社会转型。法律作为社会关系的调节器，势必要对社会关系的改变做出回应。

上述问题之解决，关键在于明确智能合约的适用规则，并确定智能合约及相关算法的使用方式与边界。从研究的历史脉络来看，研究者们逐步从挑战应对、❶ 优劣分析、❷ 风险监管❸等宏观问题，转向法律规制的逻辑原点问题，如智能合约的法律属性、❹智能合约最优合同的实现❺等。整体而言，现有研究依然倾向于将智能合约视为整体展开研究，但缺少智能合约微观层面的条款分析。故本书尝试首先对智能合约条款进行解构，并在条款结构确定的基础上，探讨智能合约的私法属性、理论障碍、实践风险，进而提出问题解决的法律建议。

---

❶ 王潇，杨辉旭. 智能合约的私法挑战与应对思考 [J]. 云南社会科学，2019 (04)：128.

❷ Charlotte R. Young. A lawyer's divorce：Will decentralized ledgers and smart contracts succeed in cutting out the middleman? [J]. Washington University Law Review，2018 (96)：649.

❸ 李敏. 融资领域区块链数字资产属性争议及监管：美国经验与启示 [J]. 现代法学，2020，42 (02)：134.

❹ 谭佐财. 智能合约的法律属性与民事法律关系论 [J]. 科技与法律，2020 (06)：68.

❺ 黄少安，张华庆，刘阳荷. 智能合约环境下最优合同的实现机制 [J]. 江海学刊，2021 (05)：76-83，254.

目录

CONTENTS

第一章

智能合约条款解构

从技术特点来看，智能合约是一种管理在线交易的可编程应用程序。[1] 其应用价值为凭借去中心化的强制执行程序降低交易成本，提高交易效率。然而，智能合约的法律性质乃至定义，现今尚无统一权威结论。有学者从数字技术角度将智能合约定义为"根据事先任意制定的规则来自动转移数字资产的系统"[2]。也有学者从功能角度出发，认为智能合约是一种"将自动交易和自动执行功能相融合的交易工具"[3]。还有学者从合同角度出发，将智能合约定义为"一组承诺"[4]。这些观点都只抓住了智能合约的部分特性，而未能全面分析作为技术和法律行

---

[1] 吴烨. 论智能合约的私法构造 [J]. 法学家, 2020 (02)：3.

[2] Temte M N. Blockchain challenges traditional contract law：Just how smart are smart contracts [J]. Wyo. L. Rev., 2019, 19：87.

[3] Cutts T, Primavera De Filippi and AaronWright, Blockchain and the law：The rule of code, Cambridge, Mass：Harvard University Press [J]. The Modern Law Review, 2020, 83 (1)：180.

[4] Werbach K, Cornell N. Contracts ex machina [J]. Duke LJ, 2017 (67)：313.

为的智能合约有何不同，更忽视了智能合约存在狭义和广义的不同使用语境。

在智能合约定性尚存争议的情况下，已经实施的《民法典》未将其明确纳入调整范围。私法上的性质确定将直接决定智能合约的法律规则适用，为了解决智能合约的上述问题，必须从以下方面展开研究：其一，明确区块链智能合约的运行机制。其二，揭示现有智能合约属性解释方案存在的问题。其三，从广义和狭义上划分智能合约，并寻找各自合适的私法体系定位。其四，尝试解构广义智能合约条款，并根据智能合约的具体条款探寻其存在的法律问题。

第一节　智能合约的发展历程

以区块链的出现为界，智能合约的发展分为泾渭分明的两个时期——区块链之前的智能合约与区块链智能合约。从严格意义上来说，智能合约（Smart Contract）与区块链是两种截然不同的技术，[1] 且智能合约概念的提出可以追溯到 1993 年尼克·萨博的相关定义。[2] 限于当时的技术水平，在缺乏编程合约的数字系统和价值系统的情况下，[3] 智能合约的技术开发还不够完善。再加上互联网交易的不发达，智能合约与现实世界的财产交易直接关联的机会有限。此时，智能合约的设想虽被提出，但一直处于测试版

---

[1] 张成岗. 区块链时代：技术发展、社会变革及风险挑战 [J]. 人民论坛·学术前沿，2018（06）：39.

[2] Szabo N. Smart contracts: building blocks for digital markets [J]. EXTROPY: The Journal of Transhumanist Thought, 1996, 18 (2): 28.

[3] 许可. 决策十字阵中的智能合约 [J]. 东方法学，2019（03）：46.

（Beta）阶段。直到 30 年后，区块链技术的开发才为智能合约带来更广阔的应用前景。

一、智能合约：熟悉又陌生的旧技术

在尼克·萨博最初的设想中，智能合约旨在为交易各方就财产交付和义务履行建立某种特殊的共识协议。该共识协议的价值在于大幅提高了违约成本，进而消除当事人的违约可能。❶ 基于此种设计，自动售货机成为智能合约的最初测试版（Beta）。但自动售货机究竟是不是智能合约，智能合约该如何定义一直颇具争议。马克斯·拉斯金（Max Raskin）认为，自动售货机虽然需要人为地输入（投币），但满足智能合约对自动履行的要求，❷ 应被看作一种智能合约。亚历山大·萨维列夫（Alexander Savelyev）则认为，自动售货机仅实现了单方的自动履行，只有交易各方的履行都自动化才称得上智能合约。❸

智能合约的"智能"与人工智能不同。人工智能的"智能"体现在其可以接收、分析信息并做出回应。智能合约的"智能"是可以接收信息，并依照预设的程序执行条款内容。从自动售货机的例子可以看出，智能合约可以识别交易缔结的条件，从而自动强制履行合同义务。学界通说目前将自动售货机看作要约，是将自动售货机及其背后的法效意思做出统一评价。排除法效意思，自动售货机本身在法律关系上类似于第三方，实现保管与代理买

---

❶ Szabo N. Smart contracts: building blocks for digital markets [J]. EXTROPY: The Journal of Transhumanist Thought, 1996, 18 (2): 28.

❷ Raskin M. The law and legality of smart contracts [J]. Geo. L. Tech. Rev., 2016, 1: 305.

❸ Savelyev A. Contract law 2.0: 'Smart' contracts as the beginning of the end of classic contract law [J]. Information & communications technology law, 2017, 26 (2): 116–134.

卖的功能。❶

　　智能合约的最初版本——自动售货机，在投入使用多年后始终没能取得新的发展和突破。尼克·萨博意图依靠智能合约实现现实世界智能财产便捷交易的宏图一直未能实现，其根本原因在于智能合约无法在网络交易中寻得适配的算法支持和交易模式。具体而言，智能合约没能解决网络语境下的两大障碍：第一，计算机程序如何控制和移转现实世界的货币与实物，大额资产如何在计算机网络世界中得到安全可信的资产控制，并执行合约实现财产转移是制约智能合约发展的首要问题。第二，如何搭建更加高效的信任机制，交易当事人对对手方信用的知晓决定了交易能否顺利缔结。智能合约需要为交易各方提供可追踪、可查询的物品，信用的信息记录才能提供交易必需的信任。

二、区块链智能合约：新旧技术的互相成全

　　区块链技术的出现解决了智能合约的上述难题。如果将区块链看作一个数据库，智能合约的价值在于为区块链在现实中的应用提供软件支持。❷ 两者在某种意义上为彼此提供了更广阔的应用前景。首先，区块链使完全数字化资产的移转成为可能。❸ 其次，区块链为智能合约的执行提供了一个安全可信的平台。通过将智能合约记录在区块链上的方式，合约内容将被诚实、透明、永久、

❶ Cuccuru P. Beyond bitcoin: an early overview on smart contracts [J]. International Journal of Law and Information Technology, 2017, 25 (3): 179-195.

❷ 英国政府首席科学顾问报告. 分布式账本技术：超越区块链（中文版）[EB/OL]. (2020-02-23) [2021-04-04]. https://www.chainnode.com/doc/467.

❸ Atta-Krah K D. Preventing a boom from turning bust: Regulators should turn their attention to starter interrupt devices before the subprime auto lending bubble bursts [J]. Iowa L. Rev., 2015, 101: 1187.

不可更改地记录下来，并能够在触发条件满足时自动执行合约内容。

（一）区块链智能合约的运转机制

区块链凭借独特的块—链结构，通过区块储存数据，借助时间顺序和密码学算法形成链式数据结构，使数据一经记录在区块链上即无法通过单一区块进行修改，搭建了陌生人之间的信任创造机制。此外，区块链的可拓展性[1]为智能合约提供了更多与现实产生交互的平台。第一代区块链诞生于中本聪 2008 年"比特币白皮书"中，但第一代区块链仅关注了交易的不可篡改和区块链的共识机制，并没有将区块链的应用场景与智能合约相结合。而作为第二代区块链诞生标志的以太坊可以说是专为智能合约而生的，其能承载以参数形式存在的各种数据，包括数据或代码的变量，并允许用户做出适当的数据修改。[2] 这意味着用户可以对以太坊平台进行编程，以设计出符合自身要求的智能合约。[3] 编码人员将使用区块链计算机代码而非英语或其他传统语言来编写智能合约的条款。至于如何判断一方当事人是否履行了必要的义务，则需要预言机（oracles）在区块链之外收集义务履行的事实，并验证其是否满足智能合约的约定内容，[4] 如此一来，数字世界与现实世界便有了联通的机制，线上与线下的一体化自动履行便成为可能。[5]

概括而言，区块链智能合约具有以下四点特性：第一，智能

---

[1] 赵磊，孙琦. 私法体系视角下的智能合约 [J]. 经贸法律评论, 2019（03）: 17.

[2] Werbach K, Cornell N. Contracts ex machina [J]. Duke LJ, 2017（67）: 313.

[3] Temte M N. Blockchain challenges traditional contract law: Just how smart are smart contracts [J]. Wyo. L. Rev., 2019, 19: 87.

[4] Werbach K, Cornell N. Contracts ex machina [J]. Duke LJ, 2017（67）: 313.

[5] 贺海武，延安，陈泽华. 基于区块链的智能合约技术与应用综述 [J]. 计算机研究与发展, 2018（11）: 55.

合约被储存在区块链上，具有实时更新的功能。第二，区块链会将智能合约存在的证据分布在各个节点上，能够避免智能合约未经许可的修改。第三，当事人需使用其持有的专用密钥对智能合约的同意进行数字签名。第四，自动执行，区块链在执行条件满足时会自动强制执行事先设定好的程序，无须交易对手方的参与或协助。

借助上述特性，区块链给智能合约找到了一条与现实交易产生交互的通道。区块链智能合约的整个交易流程大致可以分为以下步骤：①交易当事人使用既有智能合约或委托他人设计其需要的智能合约，并确定合约启动和执行的条件；②将智能合约上传至区块链，区块链上的交易对手方点击"同意"加入智能合约；③预设的执行条件达成时，智能合约自动履行约定义务，实现财产的交换；④成功履行的智能合约通过"程序自毁"被移出区块，视为交易完成。❶

目前的区块链智能合约会在预先设定好的事件发生时，触发执行程序，自动履行，不以法律强制力为背书。❷ 区块链智能合约的应用会给各行各业带来前所未有的变化。单就法律领域而言，区块链智能合约将大大缩减当事方的违约可能和风险，并缩短诉讼解决时间，甚至将纠纷的解决机制从事后法院裁判变成事前的自动履行。❸ 不仅如此，一直困扰理论和实践的"一物二卖"和"双重支付"（double spend）问题都有望在区块链智能合约的帮助下得到有效解决。

---

❶ 吴烨. 论智能合约的私法构造 [J]. 法学家, 2020 (02): 3.
❷ 许可. 决策十字阵中的智能合约 [J]. 东方法学, 2019 (03): 46.
❸ 夏庆锋. 从传统合同到智能合同: 由事后法院裁判到事前自动履行的转变 [J]. 法学家, 2020 (02): 22.

（二）区块链智能合约运转机制的底层逻辑

区块链智能合约的运转机制主要依赖三条算法逻辑原则予以实现：一是数据完全来自区块链；二是计算结果有共识；三是计算结果完全储存到区块链上。[1] 如图 1-1 所示。

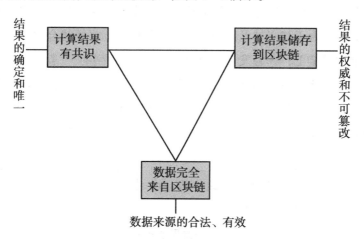

图 1-1 区块链智能合约三原则

原则一要求数据必须通过区块链上传，这保证了数据来源的唯一性。原则二要求智能合约的计算结果有共识，这决定了智能合约是可以得出唯一确定结论的。原则三要求计算结果重新储存在区块链上，这维护了智能合约的权威性，因为该结果是不可篡改的。借助区块链，智能合约能在预先设定具体条件的情况下，完成证券交易、抵押权设立、保险理赔、土地所有权登记等民事法律活动，具体包括付款后的证券自动卖出、保险条件满足时的直接赔付、资金交付后的所有权转移登记等。[2] 更重要的是，区块

---

[1] 蔡维德. 智能合约：重构社会契约 [M]. 北京：法律出版社，2020.

[2] Temte M N. Blockchain challenges traditional contract law: Just how smart are smart contracts [J]. Wyo. L. Rev.，2019，19：87.

链可以有效防止智能合约的程序和内容被篡改，并避免当事方因为智能合约的不当篡改而受损失。

有观点认为，智能合约的不可篡改性使得缔约者想要修改甚至撤销智能合约几乎不再可能。[1] 这其实是对智能合约运行机制的误解。智能合约运行的具体流程为：①交易当事人自行或委托他人设计适合于其交易形式的智能合约规则；②将智能合约规则发布到区块链上；③触发合约启动信号，该触发事项一般是事先约定好的特定义务的履行；④在合约启动之后进入自动执行程序，若一切正常，则执行完毕；⑤若出现违约或其他合同争议事项，智能合约将转入应急程序。如图 1 - 2 所示。

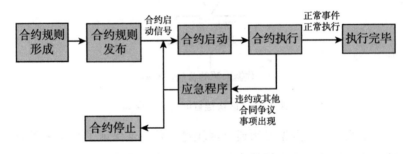

图 1 - 2　智能合约运行机制

数据完全来自区块链的基本原则保证了数据来源的唯一性，但不能保证数据的合法和有效，这是因为区块链智能合约没有对合约启动信号做价值判断的功能。无论买卖的是汽车还是违禁品，出租的是自有物还是他人之物，智能合约作为技术本身没有分辨善与恶、合法与违法的程序设计。因此，在智能合约的启动阶段，监管机制介入尤为重要。进入应急阶段的区块链智能合约可以由

---

[1] 李东蓉，张佳琪.《民法典》时代下智能合约的合同效力认定 [J]. 法治论坛，2020（03）：67 - 76.

监管、裁判部门判断该争议是否构成违约，是否满足解除、无效的要件等。监管、裁判部门在做出法律判断后，将决定智能合约是重新启动还是终止执行。在智能合约执行完毕或停止之后，若产生争议，需要法院就智能合约的法律关系作出判决。因此，区块链智能合约在启动、执行和执行完毕这三个阶段都需要法律的规范。

（三）区块链智能合约的应用场域

区块链智能合约在私法交易的以下场域中具有较广阔的应用前景。

1. 智能分配

区块链智能合约能够实现权限或金钱的智能分配。在创作者发布视频到视频平台之后，智能合约会根据具体的观看人数、点赞数量、打赏金额等向创作者分配特定的收益。由于观看人数、点赞数量、打赏金额等信息会被诚实地记录在区块链上，收益和分配是否公平一目了然。

2. 资产交易

智能合约的重要作用在于，其可以为资产交易提供可信、高效、低成本的平台。比如 A 向 B 出租房屋 M 的智能合约中，交易步骤如下。

（1）A 与 B 提交合约到智能合约生成器，生成器会根据合约内容形成智能合约并发布到区块链上。

（2）A 将房屋的电子密钥提供给区块链智能合约服务器。

（3）B 预付租金后，区块链智能合约服务器将密钥发送给 B，并将租金移转给 A。

（4）每个月的到期日，区块链智能合约会自动检查 B 预付和实付的租金，合约未到期则继续扣除租金，并将信息记录在区块链上。若 B 未按时交付租金，区块链智能合约会形成新的密钥，B 之前的密钥将无法打开房门。

（5）合约到期后，智能合约形成终止信息并发布到区块链上，标志着合约履行完毕。

借助区块链智能合约，传统房屋租赁中烦琐的当事人见面交流过程得以省略。在自动履行的帮助下，房东可以确保房租利益的收取。区块链智能合约未来将被广泛应用于义务履行相对确定的交易中。

3. 资金偿付

在购房贷款中，当事人往往需要每月定期向银行转账以偿还贷款，一旦出现逾期就会影响当事人的信用记录。在区块链智能合约的帮助下，每月的还款和转账可以自动执行，节省当事人的精力和时间成本。在遗产分配中，巨额遗产的分配往往需要律师的参与以保障遗嘱的顺利执行，无形中增加了遗产分配的成本。在区块链智能合约的参与下，一旦遗产分配条件达成，遗产即可按照事先确定好的分配方案自动执行，这将节省律师监督遗嘱执行的费用。在保险合同中，A 可以与保险公司签订保险合同，并通过区块链智能合约的形式公示该保险合同，并在保险条件达成时强制保险公司赔付。区块链智能合约的强制履行更有利于被保险人的权益维护，确保保险金第一时间的赔付。实现资金款项的自动支付，是智能合约未来另一重要应用场景。

4. 金融交易

区块链智能合约在金融交易中的应用前景十分广阔，但由于金融市场影响甚巨，目前相关应用还处于探索阶段。具体而言，在衍生品交易中，区块链智能合约能够简化交易流程，对衍生品进行实时估值。在证券交易中，区块链智能合约能够自动执行股票分红和股票分割。在贸易融资中，区块链智能合约能够简化支付流程，增强贷款的流动性。借助区块链智能合约，传统金融交易效率会得到进一步提高。

5. 权利与财产的公示记录

传统的社会治理需要政府的高强度参与，这是因为中央机构能够为资产提供权威证明和有力保护。区块链智能合约能够在一定程度上承担财产的证明功能。以担保登记为例，统一动产和权利担保登记是我国优化营商环境目的下，未来登记制度的发展方向。依靠区块链智能合约，动产和权利的担保登记能够在动产出卖、权利变现的第一时间，将变卖获得的货币转发到担保权人的账户。当担保交易期限已过，智能合约也会自动删除担保登记，并记录在区块链上。除却动产和权利登记，股权和不动产登记也能借助区块链智能合约实现登记的公示效力，并在变更登记时，提供安全、高效的技术支持。在传统交易中，当事人购置资产时，需要充分调查出卖方的资质、信用情况和资产信息。随着元宇宙技术的开发，数据的储存形式也在发生变化，即数据不再如传统交易一般被储存在平台上，而是存储在智能合约里。在技术的有力支持下，资产信息查询和相应的变更登记都将变得更为简便。

6. 小结

智能合约不是简单的合同语义的代码化，而是将静态权利义务关系和动态执行结合在一起的新型交易模式。在区块链技术的加持下，智能合约不仅可以实现尼克·萨博将其应用于汽车或房屋租赁中的愿景，还能满足供应链管理、房产抵押、遗嘱继承、代币发行的需求。❶ 除此之外，智能合约还可以在其本就开发好的领域实现虚拟财产的交换，以及数字代币（digital token）与其他财产的交换。❷

区块链智能合约的应用前景虽然广阔，但现有研究依然未能明确智能合约的法律属性，这也为其未来法律争议的解决留下了隐患。因此，区块链智能合约法律属性的确定，是保障其合法合规发展需要优先明确的内容。

三、智能合约性质之争

（一）智能合约的性质与定义

在对智能合约展开具体规制研究之前，其法律性质需要先予确定，只有确定了区块链智能合约在法律体系中的定位，才能更好地为其找到合适的法律适用规范，并为未来智能合约实践中的法律问题提供必要指引。目前，国内研究者对区块链智能合约的性质研究已有一定关注，国外研究在这方面的研究成果也较为丰富。菲利普·鲍彻（Philip Boucher）等在《区块链技术如何改变我们的生活》（*How Blockchain Technology Could Change Our Lives*）一文中认为，智能合约是否具有法律效力是一个非常重要的问题。❸

具体而言，对区块链智能合约的法律性质认识有计算机程序说、要约说、合同说、担保机制说等不同观点，以下分而述之。

---

❶ 许可. 决策十字阵中的智能合约 [J]. 东方法学，2019（03）：46.

❷ Ryan P A. Smart Contract Relations in e – Commerce: Legal Implications of exchanges conducted on the blockchain [J]. Technology Innovation Management Review, 2017 (7): 14.

❸ Philip Boucher, Susana Nascimento, Mihalis Kritikos. How blockchain technology could change our lives [R]. European Parliamentary Research Service. 2017: 581.

1. 计算机程序说

亚历山大·萨维列夫（Savelyev Alexander）认为，智能合约是辅助合同履行的工具，不具有合同法上的法律效果。[❶] 亚历山大·萨维列夫虽未直言区块链智能合约是计算机程序，但从本源上否定其法律效力，认为其只是一种辅助手段，强调其仅具有工具价值。金晶在《数字时代经典合同法的力量》一文中认为，智能合约中的计算机代码具有专业性，对智能合约代码的理解不能，使得当事人真实意思的判断也较为困难。此外，智能合约在性质上更接近于合同的电子执行程序。对此，王延川虽依然强调区块链智能合约的机器属性，但也肯定了其具有一定的法律效力，并指出，智能合约采取的是去中心化的交易模式，旨在维护义务履行的确定性。因此，智能合约属于具有法律意义的合约，但不属于合同。在实践中，美国田纳西州于 2018 年通过立法确认智能合约是一种分布式账本技术。[❷] 美国怀俄明州法的立法者则认为智能合约主要是一种数字资产托管或转移的工具。[❸]

2. 合同说

区块链智能合约的合同说是目前的主流观点。凯文·韦尔巴赫（Kevin Werbach）与尼古拉斯·科内尔（Nicolas Cornell）在《机构合同》（*Contracts Ex Machina*）一文中指出，若不将智能合约

[❶] Savelyev A. Contract law 2.0: 'Smart' contracts as the beginning of the end of classic contract law [J]. Information & communications technology law, 2017, 26 (2): 116–134.
[❷] 李西臣. 区块链智能合约的法律效力——基于中美比较法视野 [J]. 重庆社会科学, 2020 (07): 83.
[❸] 李西臣. 区块链智能合约的法律效力——基于中美比较法视野 [J]. 重庆社会科学, 2020 (07): 83.

作为合同看待，则无法解释通过智能合约进行的比特币交易。^❶ 斯科特·A. 麦金尼（Scott A. McKinney）等则认为，将智能合约作为合同对待是在更合适的专门规章出台前的权宜之计。^❷ 雷吉·奥谢尔兹（Reggie O'Shields）等将智能合约视作电子合同的升级。此外，雷吉还认为，智能合约要想取得法律效力，就必须依据合同法的规则进行设计。^❸ 在以《联合国国际货物销售合同公约》（*U. N. Convention on Contracts for the International Sale of Goods*）为研究对象的情况下，安娜·杜克（Anna Duke）认为，智能合约满足合同构成要件的规定。^❹

在国内研究中，夏庆锋提出，智能合约符合合同构成要素要求，应被当作合同看待。^❺ 柴振国认为，智能合约与传统合同形式上的区别，不影响其是合同的技术升级化的本质，并将智能合约作为一种新的合同类型看待。^❻ 陈吉栋则认为，智能合约具有与合同一样的"要约—承诺"构造，应被认定为合同。^❼ 许可在《决策十字阵中的智能合约》一文中，从智能合约的基本框架入手，提出智能合约在静态上可以拆分为：合约参与者，合约资产集合，自动状态机，合约事务（交易）集合；在动态上则包含创建和执行两个前后相接的过程，并以此为根据认为智能合约是一种新型

❶ Werbach K, Cornell N. Contracts ex machina [J]. Duke LJ, 2017 (67): 313.

❷ McKinney S A, Landy R, Wilka R. Smart contracts, blockchain, and the next frontier of transactional law [J]. Wash. JL Tech. & Arts, 2017, 13: 313.

❸ O'Shields R. Smart contracts: Legal agreements for the blockchain [J]. NC Banking Inst. , 2017, 21: 177.

❹ Duke A. What does the CISG have to say about smart contracts: A legal analysis [J]. Chi. J. Int'l L. , 2019, 20: 141.

❺ 夏庆锋. 区块链智能合约的适用主张 [J]. 东方法学, 2019 (03): 30 – 43.

❻ 柴振国. 区块链下智能合约的合同法思考 [J]. 广东社会科学, 2019 (04): 236 – 246.

❼ 陈吉栋. 智能合约的法律构造 [J]. 东方法学, 2019 (03): 18 – 29.

合同。

不仅是学术观点，法律实践中也出现了将区块链智能合约定性为合同的法案。斯坦·希金斯（Stan Higgins）在《亚利桑那州法案将使区块链中的智能合约"合法"——智能合约可能存在于商业中》（*Arizona Bill Would Make Smart contract in Blockchain "Legal"——Smart contracts may exist in commerce*）一文中提到，美国亚利桑那州法案已赋予智能合约与传统合同一样的有效性、法律效力以及可执行性，并认可其合同效力。

3. 担保说

担保说的观点在国内和国外都不乏支持者。倪蕴帷认为，智能合约的本质是在传统合同之上附加了一定的担保机制。❶ 相较于国内研究，国外持担保说的学者对区块链智能合约具体属于何种担保权利的研究更为深入。斯蒂芬·麦克约翰（Stephen Mcjohn）等在《比特币和区块链交易的商业法》（*The commercial law of Bitcoin and blockchain transactions*）一文中以汽车分期付款买卖在智能合约中的应用为例，将未及时付款时的汽车禁用类比抵押权人的抵押物收回权。❷ 马克斯·拉斯金（Max Raskin）在《智能合约的法律与合法性》（*The Law and Legality of Smart Contracts*）一文中进一步论述道，智能合约类似于美国《统一商法典》第 9 – 606 条项下"违约后担保权人取得占有的权利"，❸ 将智能合约看作一种担保方违约后的自主占有权。

---

❶ 倪蕴帷. 区块链技术下智能合约的民法分析、应用与启示［J］. 重庆大学学报（社会科学版），2019（03）：171.

❷ McJohn S M，McJohn I. The commercial law of bitcoin and blockchain transactions［J］. Uniform Commercial Code Law Journal，2016，47（2）：187 – 222.

❸ Raskin M. The law and legality of smart contracts［J］. Geo. L. Tech. Rev.，2016，1：305.

4. 附条件合同启动说

传统民法中，所谓附条件的合同是指附生效条件或解除条件的合同，华劼将区块链智能合约看作一种为合同启动所附加的条件。这里的合同启动实为合同成立、生效与履行的统称。在华劼看来，智能合约的自动履行以预设条件的达成为必备条件。❶

5. 要约说

目前，我国学者尚无人将区块链智能合约视作要约。伊丽莎·米克（Eliza Mik）在《智能合约：术语》（*Smart contracts*: *Terminology*）一文中提出要约说的观点，认为智能合约属于要约，具体的履行行为构成承诺。❷ 除上述"一刀切"的性质确定方式之外，马克斯·拉斯金（Max Raskin）在《智能合约的法律与合法性》（*The Law and Legality of Smart Contracts*）一文中认为智能合约有强弱之分，强智能合约不可撤销、更改，而弱智能合约容许必要的修改。❸ 克里斯托弗·D. 克拉克（Christopher D. Clack）等则在《智能合约模板：基础》（*Smart Contract Templates*: *Foundations*）中将智能合约划分为传统强制执行方法的智能合约与非传统强制执行方法的智能合约。❹ 前者有赖法院或仲裁机构的裁判对智能合约进行变更，后者主要依靠代码的算法实现合同的完备履行。上述两种分类方式为区块链智能合约的性质研究提供了更广阔的思

---

❶ 华劼. 区块链技术与智能合约在知识产权确权和交易中的运用及其法律规制 [J]. 知识产权, 2018（02）: 14.

❷ Mik E. Smart contracts: terminology, technical limitations and real world complexity [J]. Law, Innovation and Technology, 2017, 9（2）: 269 – 300.

❸ Raskin M. The law and legality of smart contracts [J]. Geo. L. Tech. Rev. , 2016, 1: 305.

❹ Clack C D, Bakshi V A, Braine L. Smart contract templates: foundations, design landscape and research directions [J]. arXiv preprint arXiv: 1608. 00771, 2016.

路，但也使得区块链智能合约的性质之争日趋复杂化。

（二）区块链智能合约的应用问题

智能合约的出现，不仅使我们的概念体系、概念使用变得复杂，也使传统合同概念受到冲击。夏洛特·R. 杨（Charlotte R. Young）在《律师的离婚：去中心化账本和智能合约能成功去掉中间人吗?》（*A Lawyer's Divorce*：*Will Decentralized Ledgers and Smart Contracts Succeed in Cutting Out The Middleman?*）一文中提出，尽管传统合同与智能合约存在差异，但最好不要争论传统概念能否适用。❶ 传统原理如何适用的问题才更值得思考。这样的观点为区块链智能合约的研究提供了一个新的研究视角——从法律原则、法律规则解决区块链智能合约实际运用存在的问题这一角度进行切入。区块链智能合约在给传统交易带来便利的同时，也带来了一系列新的问题。如何合理解释区块链智能合约带来的与传统原则、规则不匹配的问题，将其纳入现有的法律体系中，成为区块链智能合约法学研究需要回应的问题。从现有国内外研究来看，区块链智能合约带来的问题分为理论冲击与实践风险两大块。

1. 实践困境

（1）区块链智能合约缺少灵活性。

斯克拉罗夫（Sklaroff）在《智能合约与僵化成本》（*Smart Contracts and the Cost of Inflexibility*）一文中解释道，区块链智能合约灵活性的缺失体现在合约成立与履行阶段。❷ 对此，我国学者则

---

❶ Charlotte R. Young. A lawyer's divorce：Will decentralized ledgers and smart contracts succeed in cutting out the middleman? [J]. Washington University Law Review，2018 (96)：649.

❷ Sklaroff J M. Smart Contracts and the Cost of Inflexibility [J]. U. Pa. L. Rev.，2017，166：263.

认为智能合约的僵硬化主要集中在合同变更、撤销与履行这几个方面。柴振国总结区块链技术下的智能合约具有"自动性、执行性、匿名性"的特点。❶ 这些特点使区块链智能合约在一定程度上解决了传统合同违约频发的特点，并提高效率，保护隐私。但与此同时，智能合约的订立背后隐藏的是具有绝对性的代码算法，这使得智能合约不得撤销和修改，牺牲了合同必要的灵活性。这在一定程度上排除了合同订立之后当事人之间的协议空间与合意可能，也给意思表示错误和重大误解的适用带来限制。周润在《区块链智能合约的法律问题研究》一文中从合约履行角度分析了区块链智能合约，认为区块链智能合约是对意思自由的限制。

灵活性被学者看作合同的必需特性，在这一点上，区块链智能合约被认为存在天生的缺陷。倪蕴帷提出，"尽可能""勤勉义务""必要限制"等非精确语言是机器无法定义和执行的。❷ 在研究者看来，区块链智能合约自带的灵活性不足特点主要来源于两个方面——人的有限理性以及机器的理性有限。斯克拉罗夫在《智能合约与僵化成本》一文中提出，若想规避区块链智能合约强制执行的僵硬化，就只能将可能出现的事件和所有的合同状态，用精确的代码进行事无巨细的定义。❸ 但由于人的有限理性，未来可能出现的情况是不可能全部预测到的。斯科特·A.麦金尼（Scott A. McKinney）则认为，人类社会的传统合约往往是建立在过往知识总结、交易习惯、规则体系以及伦理道德观念

---

❶ 柴振国. 区块链下智能合约的合同法思考 [J]. 广东社会科学, 2019 (04)：238.

❷ 倪蕴帷. 区块链技术下智能合约的民法分析、应用与启示 [J]. 重庆大学学报（社会科学版）, 2019 (03)：171.

❸ Sklaroff J M. Smart Contracts and the Cost of Inflexibility [J]. U. Pa. L. Rev. , 2017, 166：263.

之上的。❶ 区块链智能合约的科技属性决定其很难对这些过往经验做出判断，必然呈现出僵硬、不适应的特点。

针对上述问题，皮耶鲁伊吉·库库鲁（Pierluigi Cuccuru）在《超越比特币：智能合约早期概述》（*Beyond Bitcoin: An Early Overview on Smart Contracts*）一文中提供了一种解决思路，由于智能合约在区块链上的编码无法处理模糊或不确定的条件，因此，将智能合约用于具体条件而非抽象条件时更为实用。❷ 智能合约通常不具有灵活性，因此，其不可能替代需要或包含弹性条款的合约。迪克森·C. 琴（Dickson C. Chin）在《智能代码与智能合约》（*Smart Code and Smart Contracts*）一文中则提供了另一种思路，认为区块链智能合约的这种不变性并不意味着双方完全没有办法。交易双方可以在智能代码中添加自毁功能，在确有必要的情况下，该智能合约将被具体区块删除。❸ 但具体由谁决定此删除权的行使，需要进一步研究。

（2）区块链智能合约内容难以理解。

摩根·N. 坦姆特（Morgan N. Temte）提出了智能合约内容的难以理解性，由于智能合约完全由代码编写，除了编写者以及专业的程序人员，无论是合同双方还是法官对智能合约的理解都有赖于程序人员的解释。❹ 这使得智能合约解释的权利不再完全属于缔约人以及权威的裁判机构。为了解决这一问题，用户可以通过

---

❶ McKinney S A, Landy R, Wilka R. Smart contracts, blockchain, and the next frontier of transactional law [J]. Wash. JL Tech. & Arts, 2017, 13: 313.

❷ Cuccuru P. Beyond bitcoin: an early overview on smart contracts [J]. International Journal of Law and Information Technology, 2017, 25 (3): 179–195.

❸ Dickson C. Chin, smart code and smart contracts [J]. Blockchain for Business Lawyers, 2017 (3): 110.

❹ Temte M N. Blockchain challenges traditional contract law: Just how smart are smart contracts [J]. Wyo. L. Rev., 2019, 19: 87.

仔细起草智能合约的具体要求来消除歧义。限于人类认知的有限性，完全消除未来的不确定性本身就是不可能的，代码编写者具有了"戏弄"缔约方的权利。

2. 理论冲击

（1）冲击法学基础理论。

在《智能合约：自动执行的一种智能方式》（*Smart Contracts：A Smart Way to Automate Performance*）一文中，珍妮·谢普拉克（Jenny Cieplak）和西蒙·李法特（Simon Leefatt）提到，传统合同条款的解释与核查由当事人或特定情形下（如在审判过程中）的法官来完成，这份权利源于法律的授予。[1] 但智能合约的使用导致计算机技术代替行使了当事人与法官的部分权利。但这份权利的基础何在？能否作为当事人意思自治的应有之义？这份权利让渡是否存在边界？对上述问题，该文未及深究。

对于区块链智能合约冲击法学基础理论的研究，我国学者更倾向从法学的基本原则入手。如王潞、杨辉旭认为智能合约的代码自治完全摒除了人的变量，诚信原则在智能合约中失去了存在的意义。[2] 在意思表示问题上，张夏恒关注到智能合约中可能发生客观的表示错误，致使意思表示的误读。[3] 王潞、杨辉旭则持相反观点，认为智能合约内置的算法、代码，会诚实地执行当事人的意愿，更利于当事人真实意思的实现。

---

[1] Cieplak J, Leefatt S. Smart contracts：A smart way to automate performance [J]. Geo. L. Tech. Rev., 2016, 1：417.

[2] 王潞，杨辉旭. 智能合约的私法挑战与应对思考 [J]. 云南社会科学，2019（04）：130.

[3] 张夏恒. 区块链引发的法律风险及其监管路径研究 [J]. 当代经济管理，2019，41（04）：82.

（2）冲击合同订立、履行规则。

合同的成立与履行是两个截然不同的合同阶段，但区块链智能合约似乎打破了两者之间的界限。保罗·卡奇洛夫（Paul Catchlove）认为，智能合约订立与履行之间的界限并不像传统合同那般明显，当事人合约订立的意思表示需依靠特定的履行行为才能实现并展示于外。比如，当事人将特定资产或虚拟货币移交代码控制的履行行为即代表其承诺接受对方的要约，由此才能订立智能合约，这有别于传统合同的订立与履行存在明显界限的特点。夏庆锋在《区块链智能合约的适用主张》一文中持类似观点。他提出，智能合约的订立与履行是重合在一起的。

（3）冲击合同变更、修改规则。

传统合同法上，合同的变更以当事人的主观意思自治为主，以客观的情势变更为辅，但区块链智能合约似乎给合同的变更上了枷锁。赵磊、孙琦提出，智能合约自动化的特点并无不妥，但区块链技术的加入，使得合约的修改实质上以所有区块的同意为前提，这在技术上是不可能实现的，也使得智能合约具有了不可更改的特点。❶

考虑到合同变更的需要，劳伦·亨利·斯科尔兹（Lauren Henry Scholz）在《算法合约》（*Algorithmic Contracts*）一文中提出，智能合约试图使合约进程确定化，使其修改失去了空间。❷ 夏庆锋在《区块链智能合约的适用主张》一文中认为，增加程序接口的方式能够为智能合约的修改提供技术上的可能。这种给智能合约的修改预留空间的观点受到了马克斯·拉斯金（Max Raskin）的批判。

---

❶ 赵磊，孙琦. 私法体系视角下的智能合约［J］. 经贸法律评论，2019（03）：26.
❷ Scholz L H. Algorithmic contracts［J］. Stan. Tech. L. Rev.，2017，20：128.

马克斯·拉斯金在《智能合约的法律与合法性》(*The Law and Legality of Smart Contracts*) 一文中认为这可能给智能合约的定义带来问题，改变了智能合约的本质。❶

（4）冲击合同效力判断规则。

传统合同中，合同可能因当事人意思表示瑕疵而无效、撤销，但区块链智能合约却给合同效力的判断带来了难题。赵磊、孙琦关注到，智能合约的订立本身既存在重大误解和欺诈的可能，也存在双方当事人恶意串通以损害第三人利益以及社会公共利益的情形，智能合约难以对此情形进行识别并终止执行。柴振国则强调，智能合约的生效和履行具有一体化特点。因此，智能合约订立前的合规审查变得尤为关键，不加审查的智能合约一经订立，即可能侵害当事人的合法权益。❷

总结下来，区块链智能合约要适应法学规则和理论存在以下问题：意思表示被误读；要约和承诺不能撤回；成立与履行混同；变更和解除受限。区块链智能合约从根本上冲击了传统法学的意思表示规则、合同成立规则、合同效力规则、合同解释规则，改变了合同履行方式。对此，郭少飞在《区块链智能合约的合同法分析》一文中提出了部分解决思路，认为智能合约的效力须依现行法判断。

3. 实践风险

区块链智能合约的实际应用带来诸多责任承担上的新问题，国内外对此也展开了一些研究。

（1）违法行为的出现。

就区块链智能合约代码引发的损害赔偿而言，索伦·巴罗卡

---

❶ Raskin M. The law and legality of smart contracts [J]. Geo. L. Tech. Rev., 2016, 1: 305.

❷ 柴振国. 区块链下智能合约的合同法思考 [J]. 广东社会科学, 2019 (04): 236.

斯（Solon Barocas）和安德鲁·D. 塞尔布斯特（Andrew D. Selbst）
在《大数据的不同影响》（*Big Data's Disparate Impact*）一文中认
为，出自人类之手的智能合约存在出现错误的风险。由此引发的
延迟履行问题，可能给交易方带来巨额的金钱损失。王延川在
《智能合约的构造与风险防治》一文中提出代码瑕疵以及代码漏洞
的问题，代码瑕疵体现在代码可能很难准确记录和表达交易双方
的真实意思，且无法应对现实世界中交易的复杂性。不仅如此，
由于代码的非文字性以及隐蔽性，可能为违法犯罪预留空间。代
码漏洞则源于技术本身的不足，漏洞的存在本身意味着出现错误
以及受到黑客攻击的可能。

　　基于区块链智能合约的不可修改性，皮耶鲁伊吉·库库鲁
（Pierluigi Cuccuru）在《超越比特币：智能合约早期概述》（*Beyond
Bitcoin: An Early Overview on Smart Contracts*）一文中提到借助智能
合约实施不法交易的可能。❶ 例如，当事人可能利用智能合约对完
成注册或者付费的用户在线发放淫秽物品的访问密钥，在区块链
智能合约自动执行、不可更改的情况下，执法机构是否有能力阻
止自动交易尚不清楚。对于这一问题，摩根·N. 坦姆特（Morgan
N. Temte）做出回应，软件开发人员正试图在区块链中添加"许
可"命令以防范上述情形的发生。❷ 有的开发人员则尝试开发私有
区块链与混合区块链以解决此问题。随着技术的发展，区块链的
不可更改似乎不再是问题，因为新的区块链技术运用往往受到更
严格的监管，并允许人为干预，以防止欺诈或非法使用智能合约

❶　Cuccuru P. Beyond Bitcoin: An Early Overview on Smart Contracts ［J］. International Journal of Law and Information Technology, 2017, 25（3）: 179-195.

❷　Temte M N. Blockchain challenges traditional contract law: Just how smart are smart contracts ［J］. Wyo. L. Rev., 2019, 19: 87.

行为的发生。

除此之外，罗杰·布朗斯沃德（Roger Brownsword）在《监管适应性：金融科技、虚拟货币与智能合约》（*Regulatory Fitness：Fintech，Funny Money，and Smart Contracts*）一文中设想了区块链智能合约有演变为新型监视工具的可能。保险公司通过从数据公司手中购买区块链智能合约，并将其强制性地加入保险合同中，即可实现远程的汽车限速以避免交通事故的发生。❶ 在健康险中，保险公司可以通过区块链智能合约控制冰箱的开关以限制保险者的饮食。周润在《区块链智能合约的法律问题研究》一文中指出，区块链智能合约可能存在隐私泄露、操作风险、法律规范不统一等问题。赵磊、孙琦则设想了分期付款买车合同中，买受人拖欠款项时出卖人依据智能合约的强制锁车行为可能给道路交通带来的隐患，进而引发事故责任问题。

（2）责任承担主体不明。

首先，区块链智能合约中的资金安全如何得到保护？斯科特·A. 麦金尼（Scott A. McKinney）提出，在传统交易中，个人银行账户在受到黑客入侵后，用户可以通过其与银行之间的储蓄合同以及信义关系寻求救济。但在区块链智能合约领域，被添加在智能合约中待履行的货币被黑客窃取后，软件平台并不存在任何财产保管义务，若该区块链智能合约采用开源系统开发，则该平台的开发人员甚至可能无法识别。

其次，智能合约被黑客袭击时的责任承担也存在争议。以2016 年去中心化自治组织（Decentralized Autonomous Organization，DAO）遭受黑客攻击为例。由于 DAO 智能合约的漏洞，黑客成功

---

❶ Brownsword R. Regulatory fitness：Fintech，funny money，and smart contracts ［J］. European Business Organization Law Review，2019，20（1）：5 – 27.

转移了 DAO 360 万个以太币（时值 3000 万美元），导致其众筹项目被迫解散，由此引发 DAO 的责任承担问题。斯科特·A. 麦金尼等虽提供了一条救济路径，认为代码开发者若在之前做出过代码安全性承诺，则 DAO 和跟投者可以此为由寻求违约责任的救济。❶但 DAO 是属于营利法人还是属于非营利法人抑或仅是合同的集合？智能合约漏洞能否构成合同法上的请求权基础？在代码开发者未作任何承诺的情况下，跟投人的权利如何救济？这一系列问题尚无定论。除区块链智能合约本身的问题外，大卫·扎斯洛夫斯基（David Zaslowsky）提到，软件编写器以及编写员都可能在编写智能合约的过程中出现错误，由此引发合同当事人的损失赔偿问题，亦需法律解决。

（3）事后救济难度增加。

区块链智能合约的去中心化使得责任的救济出现困难。斯科特·A. 麦金尼（Scott A. McKinney）提出，由于区块链追求用户的匿名性，一旦发生争议，当事人知道的可能只是对方的用户名，此时寻求仲裁与诉讼都存在一定的困难。此时用户唯一可以确定的实体只有区块链智能合约的提供商，但在不存在技术漏洞的情况下，寻求技术提供商的责任承担也不会那么容易。

理论意义上的区块链智能合约是完全匿名、去中心化的，但这也带来了相应的问题，夏洛特·R. 杨（Charlotte R. Young）在《律师的离婚：去中心化账本和智能合约能成功去掉中间人吗?》（*A Lawyer's Divorce：Will Decentralized Ledgers and Smart Contracts Succeed in Cutting Out The Middleman?*）一文中提出，中心机构的缺

失也意味着没有了立即解决争端的权威。❶ 匿名的特点带来的是执法成本的增加，违法行为可能因此难以补救。

（三）区块链智能合约的规制难题

由于智能合约存在上述诸多理论和实践问题，如何规范智能合约的使用成为一项亟待解决的问题。就目前研究而言，主要存在技术控制和制度规制两派观点。

1. 技术控制

（1）控制代码错误。米斯塔·索科洛夫（Mykyta Sokolov）在《智能法律合约：合同执行的未来》（*Smart Legal Contract as a Future of Contracts Enforcement*）一文中认为，智能法律合约具有法律效力，除了必要的法律限制，代码控制也十分重要。

（2）控制系统漏洞与实际操作漏洞。从问题防范的角度出发，阿姆里特拉吉·辛格（Amritraj Singh）提出了两种技术解决方案，通过正式测试（formal testing）输入的随机指令发现系统漏洞，辅以自动化形式验证（automated formal verification）模拟实际运行场景不做区块链智能合约实际操作漏洞。❷

（3）用程序控制程序。保罗·卡奇洛夫（Paul Catchlove）提出，可以将争端解决程序写入智能合约的代码中，从源头上解决问题。

（4）法律代码化。德·菲利皮（De Filippi）、萨米尔·哈桑（Samer Hassan）、沃尔夫·A. 卡尔（Wulf A. Kaal）和克雷格·卡

❶ Charlotte R. Young. A lawyer's divorce: Will decentralized ledgers and smart contracts succeed in cutting out the middleman? [J]. Washington University Law Review, 2018 (96): 649.

❷ Singh A, Parizi R M, Zhang Q, et al. Blockchain smart contracts formalization: Approaches and challenges to address vulnerabilities [J]. Computers & Security, 2020, 88: 101654.

尔卡特拉（Craig Calcaterra）的观点则相当独特，提出将法律变成代码（turning law into code），通过编码语言将法律转化为代码写入智能合约形成参数，只有符合参数规定的智能合约才能正常履行。凯文·沃巴赫也持类似观点，提出将法律规定转换为代码写入智能合约，如此一来，智能合约的法律问题即可通过自带的法律文本予以解决。但对此种观点也存在质疑的声音，斯科特·A. 麦金尼（Scott A. McKinney），雷切尔·兰迪（Rachel Landy）和雷切尔·威尔卡（Rachel Wilka）在《智能合约、区块链与交易法的下一个前沿》（*Smart Contracts*，*Blockchain*，*and the Next Frontier of Transactional Law*）一文中认为，纠纷解决的关键在于赔偿规则和责任规则，但这些规则通常具有极强的灵活性，有时甚至需要法官根据具体的案情做出裁量，这使得这些赔偿规则和责任规则条款很难转换为智能合约代码。❶

2. 制度规制

在国外，制度规制的核心是"限制"。R3 咨询公司和诺顿·罗斯（Norton Rose）在他们共同编写的《富布莱特白皮书》中提到，智能合约要想获得法律效力，必须解决三个问题：第一，当事人在何种情况下会同意智能合约的条款；第二，如何确保当事人注意到了智能合约条款；第三，当事人适用智能合约所必须解决的问题有哪些。这其实是以提问的方式回答了智能合约的生效要件，即当事人必须自愿使用智能合约，与智能合约有关的条款必须为当事人所注意到，且适用智能合约可能引发的问题需要被注意且可解决。不符合上述要件的智能合约不能产生法律效力。

---

❶ McKinney S A，Landy R，Wilka R. Smart contracts，blockchain，and the next frontier of transactional law［J］．Wash. JL Tech. & Arts，2017，13：313.

德·菲利皮（De Filippi）和萨米尔·哈桑（Samer Hassan）清醒认识到智能合约很可能只适合在部分场域使用，而不是在生活的各个方面取得成功。不仅如此，德·菲利皮和萨米尔·哈桑还认为，区块链智能合约的应用可能与互联网一样，两者虽然都旨在促进自由表达与思想交流，但必要的监管将是这种自由的必要牺牲。

在国内，制度规制的核心是立法。这里的立法不单指法律法规，还包括一系列行业标准。陈吉栋在《智能合约的法律构造》一文中认为，我国对于智能合约的调整仍应建立在包括《民法典》《电子商务法》《电子签名法》等现行法的基础上。王延川在《智能合约的构造与风险防治》一文中从代码之治的自救机制与法律之治的监管、裁判两个角度提出了智能合约的规制路径。王潺、杨辉旭反对用私法进行管制，认为"标准"的软法可以代替"私法"的硬法，成为代码世界的法律。

（四）整体评价

总体上来看，国内外对区块链智能合约的研究呈现以下特点。

第一，有关区块链智能合约的法学研究较少，现有研究多集中于计算机技术研究、经济学与金融学研究上。虽也有部分文献将视野拓展至区块链智能合约的现实运用，讨论其在农业、教育、医疗、金融等领域的发展可能，但研究内容往往过于空泛，鲜有从法律视角研究区块链智能合约对整个私法交易体系影响以及如何规制的成果。

第二，国内外相关法学研究尚处于起步阶段，多关注区块链智能合约的定义与性质。目前我国有关区块链智能合约的研究主要集中在单纯的性质分析上，且研究往往点到为止，未能在性质确定的基础上进一步考察区块链智能合约具体适用过程中的现实阻碍与法律变革，对区块链智能合约的实际运用和立法实践的研究也不够充分。研究呈现出不够系统、深入的特点。

第三，区块链智能合约技术研究、经济学研究、法学研究呈割裂状态。这种割裂状态在国内和国外研究中都有所体现。我国现有研究将重点放在区块链智能合约的法律性质上，对区块链智能合约的实际应用问题关注不够。国外虽较为关注区块链智能合约的实践应用，但深入挖掘区块链智能合约基础法律属性的研究较少。作为一项新技术，区块链智能合约应是交叉学科的研究内容。应关注区块链智能合约技术、资产、法律的三位一体，经济、社会的多重影响性，并在明晰技术构造的前提下，完善理论研究、构建规范体系。

第四，区块链智能合约的性质研究存在逻辑漏洞。在研究区块链智能合约的法律属性时，我国学者大多直接论述其是否属于传统意义上的合同，而忽略其能否产生法律效果，是单方法律行为、双方法律行为抑或多方法律行为，具有私法效果还是公法效果的逻辑前提。若区块链智能合约只是一种事实行为，根本不能产生法律效果，则毫无法律属性判断之必要。区块链智能合约虽被冠以合约之名，但其应用场景绝不仅限于合同，发票开具等事实行为，遗嘱订立等单方法律行为，合伙等多方法律行为，众筹等兼具单方、双方、多方法律行为的交易行为中都已出现区块链智能合约的影子。国内现有区块链智能合约的法律性质研究都忽略了这一现象，存在严重的逻辑前提错误。

第五，在研究对象上，国内外呈现出理论与实践侧重的明显区别。国内研究多关注区块链智能合约的相关理论，国外研究则致力于区块链智能合约的实际运用。区块链智能合约的法学研究不应局限于理论研究。智能合约对现实社会产生的影响，给现有交易模式带来的变化才是其价值所在。

第六，区块链智能合约的规制研究缺少具体建议。既有研究对智能合约的规制意见多为针对性的立法，少有在既有法律规范体系下展开研究的学者，提出的也只是"建议纳入××法"的宏观建议，缺少更为具体翔实的建设性建议。区块链智能合约如何适用现行法律规范，不能适用之处如何通过学理解释，以求得法律体系的自洽，是区块链智能合约法学研究的终极目标。

传统交易对信任的需求由具有信赖保障功能的强大中心满足，除却交易各方的意思之外，合同的缔结、担保、支付、执行都有赖中介机构提供保障。❶ 但中心化意味着中介必然收取一定的费用，这无形中提高了交易成本，也变相阻碍了交易的发展。不仅如此，成为某一社群的信任核心势必会形成垄断势力，❷ 而为服务自身利益，垄断势力又势必开始改造市场。2020 年 12 月，为了处罚阿里巴巴集团控股有限公司滥用市场支配地位的行为，市场监督管理总局依据反垄断法对其罚款 182.28 亿元。❸ 为了避免中心化交易的这些弊端，去中心化成为未来交易的一种发展方向。

区块链智能合约有能力也有机会在预先设定好条件的情况下，完成证券交易、抵押权设立、保险理赔、土地所有权登记等日常活动，如付款后的证券自动卖出、保险条件满足时的直接赔付、资金交付后的所有权移转登记。随着区块链技术进一步运用于日常生活，区块链智能合约在未来将有广阔的发展前景，并可能引发经济、法律活动的深度蜕变。

---

❶ 如商场提供交易媒介，担保商品质量；淘宝与支付宝提供交易资金的代管和退款；法院提供违约时的损失赔偿和强制执行。

❷ 凯文·沃巴赫，林少伟. 信任，但需要验证：论区块链为何需要法律 [J]. 东方法学，2018（04）：83–115.

❸ 澎湃新闻. 阿里巴巴集团被罚 182.28 亿元 [EB/OL]. (2021–04–10) [2021–07–10]. https://m.thepaper.cn/baijiahao_12141061.

2016 年，中国产业和信息科技部发布的《中国区块链技术和应用发展白皮书》将智能合约的法律问题看作我国未来区块链应用和发展中的基础问题。2018 年 5 月，工信部信息中心发布的《2018 年中国区块链产业白皮书》指出，我国的区块链产业有望在未来三年于实体经济中应用和推广。在区块链的众多应用中——正如欧洲议会在其报告中所指出的那样，智能合约是其中最受人瞩目的。❶ 智能合约技术目前已在票据、保险、抵押登记、土地所有权登记等领域初步得到应用，未来则有望引发更多私法交易活动的深度蜕变。❷ 区块链智能合约接下来的广泛应用需得到重视。在私法领域，区块链智能合约在未来可能成为民商事交易的基石。如在证券交易中，依托区块链的智能合约能大幅缩短交易时间，从而降低交易风险；在制造业，区块链智能合约实现了交易的迅捷与产品的可溯源，兼顾交易的效率与安全。基于此，越来越多的公司、持续增长的投资都指向智能合约领域。研究区块链智能合约具有重大的现实意义。

第一，从宏观层面来看，研究区块链智能合约的法律规制，可以在科技不断创新的当下，引导立法部门合理规划科技领域的立法。如果说安全、高效的区块链智能合约是改变未来社会交易模式的技术基础，那么完善的区块链智能合约法律体系就是保障社会平稳发展的法治基础。在全球范围内，美国的伊利桑那州、怀俄明州、佛蒙特州、内华达州、特拉华州、田纳西州已从不同角度开始就区块链智能合约问题颁布法案。世界各国也纷纷在物

---

❶ European Parliamentary Research Service. How blockchain technology could change our lives ［R］. EPRS, 2017.

❷ 倪蕴帷. 区块链技术下智能合约的民法分析、应用与启示 ［J］. 重庆大学学报（社会科学版）, 2019（03）: 171.

权登记、商品买卖、去中心应用程序（Decentralized Application, DApp）等领域使用区块链以及智能合约技术。在这样一场争夺战中，截至 2018 年 12 月 31 日，全球共 6136 件区块链专利，其中中国区块链专利数量为 4109 件。在区块链与智能合约技术突飞猛进的当下，我国尚无相关的法律、法规与规范性文件，这在不久的将来可能引发一系列的法律问题与现实问题。法律体系的建构不仅要考虑立不立法的问题，如何立法才是关键所在。在这一问题上，美国各州都存在不同的意见和尝试，如亚利桑那州禁止适用区块链智能合约进行枪支买卖，内华达州则禁止在地方政府收费中使用区块链智能合约。对区块链智能合约的私法冲击研究，将为区块链智能合约的法律体系建构、立法部门科学合理地进行立法规划提供借鉴，进而有利于我国在新一轮的科技争夺战中取得领先地位。

第二，从区块链智能合约的实际操作来看，一些行业已经开始为智能合约开发框架。如房地产行业已建立了相应程序规范，在收到要约后收取款项，并在一定时间段内将款项保管于第三方账户，待一系列条件达成时（缴税、房屋变更登记等）移转资金。自款项收取之时，后续一切流程都将在智能合约的运转下自动履行。但这也带来了相应的问题，若因情事变更确需修改合同内容，当事人如何行使自己的权利？又如 DAO 公司因区块链智能合约的漏洞导致众筹的以太币被黑客盗取，在区块链智能合约技术存在缺陷的情况下，跟投人如何挽回自己的损失？再如区块链智能合约的强制执行引发的私力救济界限何在？这一系列现实问题都是由区块链智能合约所引发，亟须法律的回应与解答。

第二节　智能合约法律属性的确定：
双层结构的解释路径

　　法律对新兴领域的介入是一个转译的过程，即将全新的争议转译为已经存在的法律问题。从这个角度来看，科技的进步并不意味着某一领域被全新创造了出来，法律也不一定需要全新的概念创设以适应社会的进步与发展。在虚拟货币被确定为财产之前，财产的定义以有体物为限。因此，虚拟货币的偷盗曾是一个颇具争议的问题。然而，将虚拟货币转译为法律上的财产之后，偷盗虚拟货币的行为就能够在盗窃这一既有法律概念下寻得合适的规制路径，新生事物的属性判断是必须首先完成的任务。

　　区块链赋予了智能合约本不具备的去中心、不可修改、匿名的特点，并使智能合约有更多参与经济交易的机会，但并未改变智能合约事先设定、强制执行的本质。单就法律性质而言，智能合约与区块链智能合约并无太大差别，故下文未对两者做出明确区分。目前，对智能合约法律性质的认识有计算机程序说、担保说、附条件合同启动说、要约说与合同说等不同观点。

一、既有解释方案的问题

　　从既有智能合约法律属性的研究成果来看，无论国内研究还是国外研究，都未对智能合约条款结构进行细致剖析，而是将其简单套用于既有法学概念。依据此种方法做出的解释论观点颇多，但都有明显不足。

（一）计算机程序说

计算机程序说的支持者认为，智能合约只是一种辅助手段，强调其仅具有工具价值。❶ 计算机程序说的主要论据是：①智能合约的本质是一串代码，其不包括当事人之间的权利义务关系。❷ ②智能合约中的代码具有专业性，当事人在不能理解代码含义的情况下，其真意无从判断。❸

智能合约的概念反复出现在法学和计算机软件科学的论著之中，但实际上计算机软件科学研究与法学研究中的智能合约是完全不同的研究对象。国际掉期与衍生工具协会（International Swaps and Derivatives Associationm，ISDA）就指出，智能合约包括外部模型和内部模型。❹外部模型由编码条款组成，仅具有辅助合约执行的功能。内部模型由具体合同条款以及自动执行条款组成，但这种条款已不是传统的语言文字，而是能被计算机理解和执行的程序文字。智能合约的研究不能局限于外部技术模型，而应多关注包括众多合同条款以及自动执行条款的智能合约内部模型。

计算机程序说将智能合约看作一段程序代码，是对其技术构造的恪守。但仅将智能合约看作一种代码或程序，无法回避其能够引发智能合约使用者权利义务关系变动的事实。同时，单纯将

---

❶ 夏庆锋. 从传统合同到智能合同：由事后法院裁判到事前自动履行的转变 [J]. 法学家, 2020（02）：22.

❷ Savelyev A. Contract law 2. 0：'Smart' contracts as the beginning of the end of classic contract law [J]. Information & communications technology law, 2017, 26（2）：116 – 134.

❸ 金晶. 数字时代经典合同法的力量——以欧盟数字单一市场政策为背景 [J]. 欧洲研究, 2017（06）：67.

❹ ISDA. Smart contracts and distributed ledger – a legal perspec – tive [EB/OL]. （2020 – 08 – 01）[2020 – 12 – 12]. https：//www. isda. org/a/6EKDE/smart – contracts – and – distributed – ledger – a – legal – perspective. pdf.

智能合约作为一项计算机程序看待，让法院和立法机关忽视其强制履行可能带来的法律问题是不现实的。智能合约需要在私法体系中找到合适的定位，以得到法律的恰当规范。

（二）担保说

担保说的观点认为："智能合约的本质，是在传统合同之上附加一定的担保机制。"❶ 有的学者以汽车所有权保留买卖在智能合约中的应用为例，将未及时付款的汽车禁用类比抵押权人的抵押物取回权。❷ 有的观点则认为，智能合约类似于美国《统一商法典》第 9 - 609 条项下"违约后担保权人取得占有的权利"。❸

将智能合约解释为担保能够避免智能合约履行过程中无法撤销、变更、解除的争议，且满足其保障债务清偿的特点。然而，将智能合约类比抵押物的取回权或者担保权人的占有权都过于狭隘。在与区块链结合后，智能合约在担保领域的应用极为广泛，其不仅可以在所有权保留买卖中起到标的物取回的作用，也能在融资租赁交易中保障租金的按时支付，还能在商品房交易贷款中为房屋抵押与贷款偿付提供便利……将智能合约看作某一种担保首先是对智能合约应用场域的认识局限。在汽车所有权保留买卖中，真正起到担保作用的是汽车的所有权，❹ 而非智能合约。智能合约虽然在一定程度上为债务清偿提供了保障，但只是起到技术

❶ 倪蕴帷. 区块链技术下智能合约的民法分析、应用与启示 [J]. 重庆大学学报（社会科学版），2019（03）：171.
❷ McJohn S M, McJohn I. The commercial law of bitcoin and blockchain transactions [J]. Uniform Commercial Code Law Journal, 2016, 47（2）: 187 –222.
❸ Raskin M. The law and legality of smart contracts [J]. Geo. L. Tech. Rev. , 2016, 1: 305.
❹ 高圣平.《民法典》视野下所有权保留交易的法律构成 [J]. 中州学刊，2020（06）：47.

上的辅助作用，● 不能用法学意义上的"担保"来定义。

(三) 附条件的合同启动说

附条件的合同启动说创设了一种新的法律概念，该说将"合同启动"解释为合同成立、生效与履行的统称，并认为只有满足智能合约预设的条件，合同才算成立生效，并自动履行。❷

传统民法中所谓附条件的合同是指附生效条件或解除条件的合同。该学说试图以"合同启动"这一新的法学术语囊括合同成立、生效与履行，本身就存在学术认可度的问题。即使在认可"合同启动"为法学专业术语的情况下，智能合约也并非合同的"启动"条件。首先，当事人或明示或默示地就智能合约达成一致之后，智能合约才会以代码的形式被添加到区块链上。智能合约发挥的只是确保合同正确履行的功能。合同是否成立、生效依然由意思表示、行为能力、标的等因素决定。其次，对"附条件"采用狭义解释是学界通说，以附生效条件与解除条件为限。❸ 在智能合约无效的情况下，整个合同的效力不受影响，仍具有法律约束力。智能合约既不影响合同的效力，也不决定合同能否解除。附条件的合同启动说实际上误读了智能合约与合同本身的内在关系。

(四) 要约说

要约说的灵感来源于智能合约最基础的应用——自动售货机。通俗地说是将自动售货机视作要约，购买人的投币行为构成承诺。

---

❶ 张红，程乐. 区块链票据对传统票据的挑战与回归 [J]. 辽宁师范大学学报（社会科学版），2020（01）：12.

❷ 华劼. 区块链技术与智能合约在知识产权确权和交易中的运用及其法律规制 [J]. 知识产权，2018（02）：14.

❸ 翟远见.《合同法》第45条（附条件合同）评注 [J]. 法学家，2018（05）：176.

但智能合约并不等于自动售货机，其只包含了自动售货机交易中的部分内容。被看作要约的自动售货机包含标的物（水或零食）、当事人（服务提供商）、履行方式等内容，而智能合约只是其中"只要付款就交货"（if……then……）这一执行部分，并未包含要约的全部内容。另外，要约说将合同的成立与履行混为一谈。要约为合同的成立要件。然而，在缺少智能合约的情况下，只要其他要件齐备，自动售货机仍能与买受人订立买卖合同。在自动售货机因智能合约技术故障不能自动吐货时，购买者的投币行为依然构成承诺。只是合同的履行需要等待修理人员来到现场才能实现罢了。因此，智能合约并非要约，更不是要约不可或缺的一部分，其价值体现在履行阶段——为合同的正确履行施加强制力，保障合同债务得以清偿。

（五）合同说

合同说是支持者较多的一种观点，其最先被提出时是作为专门法律规范出台前的权宜之计。❶ 不仅是学术观点，法律实践中也出现了将智能合约定性为合同的法案。在美国的亚利桑那州，法案已赋予智能合约与传统合同一样的有效性、法律效力以及可执行性，并将智能合约定义为：与交易相关的、具有可执行性与法律效力的合同。❷ 随着研究的继续，合同说的支持者越来越多，有的从合同构成要素入手，论证智能合约的合同属性。❸ 有的从合同的技术价值入手，认为智能合约是对传统合同法进行技术利用的

❶ McKinney S A，Landy R，Wilka R. Smart contracts，blockchain，and the next frontier of transactional law ［J］. Wash. JL Tech. & Arts，2017，13：313.

❷ Temte M N. Blockchain challenges traditional contract law：Just how smart are smart contracts ［J］. Wyo. L. Rev.，2019，19：87.

❸ 夏庆锋. 从传统合同到智能合同：由事后法院裁判到事前自动履行的转变 ［J］. 法学家，2020（02）：22.

合同方式。❶ 有的则从智能合约的基本框架入手，认为智能合约是一种新型合同。❷ 更有观点将智能合约视作电子合同的简单升级。❸ 合同说认识到智能合约与传统合同的相似之处，也认识到智能合约需要既有法律的规范，是现行法律框架下较有价值的一种学说。但合同说也难以解释智能合约的本质。

首先，智能合约不具备合同的固有形态。合同说的观点认为，智能合约是对信息的代码化描述，其运行脚本是可以提取并阅读调查的，其依然是在特定载体上订立的合同，属于一种电子合同。❹ 然而，电子合同本质是一种静态约定，只是借用电子平台而非传统书面或口头形式订立的传统合同，协议内容依然是通过传统文字形式呈现。智能合约除却静态的协议呈现还具有动态的自动执行功能，且其表达形式为计算机程序语言。这两点使得智能合约无论是静态的感官呈现，还是动态的合同履行都与传统合同具有显著差异。

其次，智能合约不满足合同的目的要件。合同说的另一主要论据认为，一方发布智能合约，另一方对智能合约进行承诺的行为，符合合同"要约—承诺"的构造。❺ 此种观点实质上只关注到"要约—承诺"的动态要件，却忽视其目的要件。"要约—承诺"的动态要件是合意的过程，但公司决议这种多方法律行为也存在合意的过程。两者的区别在于，合同中的"要约—承诺"构造包

---

❶ 柴振国. 区块链下智能合约的合同法思考 [J]. 广东社会科学, 2019 (04): 236.

❷ 许可. 决策十字阵中的智能合约 [J]. 东方法学, 2019 (03): 46.

❸ O'Shields R. Smart contracts: Legal agreements for the blockchain [J]. NC Banking Inst., 2017, 21: 177.

❹ 李东蕃, 张佳琪.《民法典》时代下智能合约的合同效力认定 [J]. 法治论坛, 2020 (03): 67-76.

❺ 陈吉栋. 智能合约的法律构造 [J]. 东方法学, 2019 (03): 18-29.

含当事人订立合同的目的要件，而公司决议的目的是形成具有法律效力的决议。易言之，智能合约的目的虽不与合同目的相矛盾，但智能合约的目的不以合同目的为限。因此，某一智能合约可能是合同，也可能是股东会决议、合伙人决议等多方法律行为。至于如何判断某一智能合约是否为合同，为哪种合同，学界通说采用实质性标准，❶ 即特定法律行为是否满足法律规定的合同要件，而非法律行为的外在表现形式是否为合同。在智能合约交易中，当事人的目的决定了智能合约会被应用于何种交易中，也就确定了智能合约的设计方向与内在运行规则。若当事人的目的是订立遗嘱或形成公司决议，那么智能合约的规则将满足遗嘱、决议的要件要求。此时，智能合约便不再是合同这种双方法律行为，而属于单方法律行为或多方法律行为。

最后，智能合约与合同的关系无法得到合理解释。合同存在有名合同与无名合同之分。由于智能合约既能涵盖财产交易的买卖合同，也能为保理、租赁等合同提供服务，其显然不在有名合同的范畴之内。将智能合约视为无名合同也无法解释智能合约具有可以运用于买卖合同、保理合同等众多有名合同中的特点。因此，智能合约并非必然是合同的下位概念。此外，智能合约的应用并不局限于合同领域。发票开具等事实行为，遗嘱订立等单方法律行为，决议等多方法律行为，众筹等兼具单方、双方、多方法律行为的交易中都已经出现智能合约的应用。将智能合约作为合同看待，无疑会陷入单方法律行为仍需双方意思表示一致，多方法律行为尚需意思表示对立一致的逻辑混乱，并存在将智能合约的未来应用限制在合同领域的弊端。

---

❶ 崔建远. 合同法 ［M］. 北京：法律出版社，2016：67.

　　总之，智能合约不只是权利或义务的简单约定，而是在技术上实现合同自动强制履行的合约，这一点为众多研究者所重视，合同说的观点往往对此避重就轻，仅以合意以及存在要约承诺为由，仍无法合理解释这一技术特点带来的合同无法变更的问题。合同的订立需具备合意要素和对价要素，这两者都不为智能合约所必备。合意要素要求当事人就约定内容达成一致，但智能合约在单方法律行为中的应用就不需要任何合意。对价要素要求交易各方承担一定的履行义务。但智能合约的条件 A 和结果 B 不一定是履行义务。比如"如果 9 月 1 日到来，则将甲账户中的 500 比特币转到乙的账户"的智能合约中，"9 月 1 日的到来"就不是义务的履行，而只是约定的条件。目前，智能合约在任何国家都未被完全承认为法律上的合同，其最多只能算是合同的一个部分。❶ 以自动售货机为例。智能合约并不等同于自动售货机，更不是当事人与自动售货机达成的整个买卖合同。技术层面而言，智能合约只是自动售货机这一庞然大物中的一个小程序，在购买者与自动售货机达成整个买卖合同合意的同时，也就与智能合约"只要付款就交货"的内容形成了合意。强行从合同法的角度理解的话，智能合约最多只能算是合同中的一个特殊条款。

二、广义智能合约与狭义智能合约

　　之所以存在上述理论解释偏差，缘于学界多对智能合约进行整体研究，缺乏对智能合约的条款结构的深入剖析。在缺少基本结构共识的前提下，众多学者论述的都只是自己眼中的智能合约。

---

❶ 蔡维德. 智能合约重构社会契约 [M]. 北京：法制出版社，2020：31.

在有的著述中，智能合约是自动履行的代码条款。❶ 在有的文章里，智能合约只是一方当事人向对方发出的电子文本。❷ 在有的语境下，智能合约则是当事人的整个交易约定，自动履行的代码条款只是智能合约的一部分。❸ 这些观点都谈不上错谬，但研究语境的不同导致学术上的讨论常常陷入自说自话的境地。现有研究未能就智能合约的条款构成进行必要的解构，导致解释论浅尝辄止，且缺乏专业上的针对性，自然无法就智能合约的意思自治限制问题给出合理解释。对智能合约进行划分与解构应是此类研究的首要任务。

首先，算法规则下的强制履行机制，导致当事人撤销、变更、解除合同的自由受到限制。❹ 学界提出的计算机程序说、合同说、要约说、担保说等观点尚无法合理解释这一问题。不仅如此，由于智能合约在各类私法交易中都有应用可能，❺ 其限制的不仅是当事人的合同权利，更有违私法自治的精神，相关问题有待进一步研究。

其次，智能合约对既有法律规则的挑战之所以没有得到合理解释，根本原因在于其法律定义与属性没有明确。有学者从数字技术角度，将智能合约定义为"根据事先任意制定的规则来自动

---

❶ 金晶. 数字时代经典合同法的力量——以欧盟数字单一市场政策为背景 [J]. 欧洲研究，2017（06）：67.

❷ Savelyev A. Contract law 2. 0：'Smart' contracts as the beginning of the end of classic contract law [J]. Information & communications technology law, 2017, 26（2）：116–134.

❸ Duke A. What does the CISG have to say about smart contracts: A legal analysis [J]. Chi. J. Int'l L. , 2019, 20：141.

❹ 周润，卢迎. 智能合约对我国合同制度的影响与对策 [J]. 南方金融，2018（05）：95.

❺ 王延川. 智能合约的构造与风险防治 [J]. 法学杂志，2019（02）：50.

转移数字资产的系统"❶。也有学者以功能主义为视角,认为智能合约是一种"将自动交易和自动执行功能相融合的交易工具"❷。亦有学者从合同法理论入手,将智能合约定义为"以数字形式明确规定的一组承诺,包括当事方承诺履行的协议"❸。这些观点都只注意到智能合约的部分特性,未能全面剖析智能合约的条款构成,更忽视了智能合约存在狭义与广义的定义区分。

除理论争议,智能合约的实际应用也存在较大风险。DAO 就曾被黑客利用代码漏洞窃取价值 3000 万美元的虚拟货币。❹ DAO 的管理者为了避免损失的扩大,使用硬分叉(hard fork)技术分割区块链,人为终止了该智能合约的自动履行。❺ 这一事件不仅暴露出智能合约对当事人财产权益的保护不力,还说明所谓去中心的自动化交易,存在人为操纵的可能,由此引发对智能合约及其算法的信任危机。

最后,区块链是"无国界"的,这是智能合约在跨境交易中有望得以广泛应用的原因。但与此同时,交易当事人和智能合约平台是"有国界"的。这意味着智能合约国际交易一旦产生争端,依然需要确定合适的仲裁机构、审理法院、适用规则。不仅如此,若依然坚持绝对的去中心化,智能合约交易在不受监管的情况下,可能引发全球金融危机。因此,智能合约的国际监管制度和合作

❶ Temte M N. Blockchain challenges traditional contract law: Just how smart are smart contracts [J]. Wyo. L. Rev., 2019, 19: 87.

❷ Cutts T, Primavera De Filippi and AaronWright. Blockchain and the law: The rule of code, Cambridge, Mass: Harvard University Press [J]. The Modern Law Review, 2020, 83 (1): 180.

❸ Werbach K, Cornell N. Contracts ex machina [J]. Duke LJ, 2017 (67): 313.

❹ Kaal W A. Decentralized corporate governance via blockchain technology [J]. Annals of Corporate Governance, 2020, 5 (2): 101 - 147.

❺ Scholz L H. Algorithmic contracts [J]. Stan. Tech. L. Rev., 2017, 20: 128.

机制有待建立。

为尽快适应新时代科技创新的脚步，区块链智能合约交易的发展需要必要的法律规制保驾护航。在这一背景下，本书的论题坚守了问题导向原则，遵循下图1-3的研究思路。

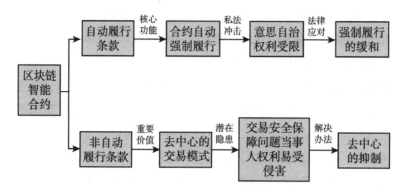

图1-3 研究思路图

①确定论证基础：分析区块链智能合约的私法属性，确定智能合约由自动履行条款和非自动履行条款组成的双层结构，并遵循该结构展开后续论证。②提出问题：区块链智能合约的自动履行条款存在限制当事人意思自治的合法性质疑。非自动履行条款对去中心交易模式的使用则有逃避监管、损害当事人合法权益的风险。③分析问题：区块链智能合约在存在上述问题的情况下依然被认为能够促进交易发展的原因在于其能够创造信任，提高交易效率，降低交易成本，并保护信赖利益。基于此，智能合约虽具有使用风险，但依然有使用的价值和必要。因此，智能合约的法律规制应立足于风险防范，而不是绝对禁止。④解决问题：第一，通过对自动履行条款的使用限制，在充分保障当事人意思自治的前提下，降低自动履行的强制力。第二，通过对去中心化的抑制，在适当降低交易效率的前提下，保障区块链智能合约的交

易安全。第三，通过合适的国际私法规则确定智能合约国际交易争端的解决路径。第四，在短期内促成双边监管合作，并尝试建立统一的智能合约多边监管规则，是防范智能合约国际风险的有效策略。

智能合约应有狭义与广义之分。狭义智能合约仅指"if A then B"的自动履行条款，这是智能合约与传统交易的显著区别。广义智能合约指的是包括自动履行条款、当事人权利义务约定、标的、价款等一切约定在内的"合约"。这份"合约"不以双方或多方当事人为限，可以是一人的单方法律行为，如遗嘱；也可以是双方之间的合同，如买卖合同；还可以是多方之间的法律行为，如公司决议。理论上而言，广义智能合约能被应用于众多民商事交易之中，具有极强的可塑性和适应性。❶ 其具体属性当与应用的实际交易场景相一致，无法实现统一的属性界定。故本书的研究重点将关注狭义智能合约。

认识狭义智能合约的法律属性，绝不能脱离其技术属性来谈。"智能合约"有"智能法律合约"（smart legal contracts）和"智能合约代码"（smart contract code）的法律和技术双重属性。❷ 狭义的智能合约在技术层面只是一段链上代码，法律层面的狭义智能合约应是自动履行的约定，通过自动执行程序实现条款的强制执行。作为计算机程序的狭义智能合约，在自动执行之前，便制定好交易的规则、条款和履行逻辑。前述的计算机程序说与担保说更多关注的是狭义智能合约的技术属性，即通过预先设定的程序

---

❶ Giordanengo A. Possible usages of smart contracts（blockchain）in healthcare and why no one is using them［M］//MEDINFO 2019：Health and Wellbeing e – Networks for All. IOS Press，2019：596 – 600.

❷ Clack C D，Bakshi V A，Braine L. Smart contract templates：foundations，design landscape and research directions［J］. arXiv preprint arXiv：1608. 00771，2016.

实现某一具体事件的强制履行。从技术上来说，无论是计算机程序说还是担保说都有其合理性，但狭义智能合约不是简单的合同语义的代码化。单纯的代码不能产生任何法律效力，不具有法学定义的可能和必要。只有能够产生法律效果的智能合约才是狭义上的智能合约。换句话说，狭义智能合约需要当事人各方达成合意，且该合意具有法效意思。

罗马法时期，形式是合约的必备要件，但合意不是。❶ 随着法律的发展，人们才意识到形式只不过是意志的载体，当事人的合意才是法律效果的根源。狭义智能合约因为具有"if A then B"的法效意思而具有法律效力，没有法效意思的狭义智能合约只是一段链上代码而已。在认可狭义智能合约能够产生一定法律效果的前提下，只从技术角度对其进行定义，或许能够满足物资生产的需要，却无法解决其可能引发的法律问题。

广义智能合约虽无法被定义，但这并不影响其进一步的条款解构。广义智能合约中的"if A then B"规则因其自动履行的特点，笔者将其称为"自动履行条款"。广义智能合约中的其他条款，如仅具有宣示功能的权利义务约定，当事人的姓名、住所等提示性条款，以及具体名词的解释条款等，不具有自动履行的可操作性，笔者将其称为"非自动履行条款"。由此，自动履行条款与非自动履行条款共同组成广义上的智能合约。在对自动履行条款和非自动履行条款进行区分时，最直接的方式是判断该条款是否具有"if A then B"的内在算法处理逻辑，即能否实现智能合约具体约定的自动履行。具有自动履行逻辑的为自动履行条款，不具有自动履行逻辑的为非自动履行条款。

---

❶ 李永军. 论债因在合同法中的作用 [J]. 当代法学，2018 (02)：84.

狭义智能合约即自动履行条款，具有"if A then B"的规则逻辑，一旦 A 条件达成，即自动履行 B 义务。❶ 这是智能合约最不同于传统交易之处，也是智能合约限制当事人合同撤销、变更、解除权利的根源所在。在对智能合约及其条款进行解构之后，智能合约前述理论争议的解释，存在更精确的切入点。

三、自动履行条款的法律属性

广义智能合约能被应用于极广泛的交易场域，且会顺应具体交易形式的特点改变交易规则，因此，无法实现统一的性质界定。但狭义智能合约作为一种自动履行约定，具备性质确定的可行性和必要性。

（一）自动履行条款论域之厘清

如前所述，广义智能合约中的条款分为自动履行条款和非自动履行条款。自动履行条款是具有内在"if A then B"的处理逻辑，一旦预设条件 A 达成，即自动履行 B 义务的条款。典型的自动履行条款包括但不限于：①在借贷合同中，当事人约定在借贷到期日支付本金和利息的条款；②在担保合同中，债务履行期限届满后的折价、拍卖、变卖条款；③在融资租赁交易中，出租人私自转让租赁物的取回条款；④在分期付款买卖中，标的物于支付全部价款之后的所有权移转条款等。以融资租赁交易为例，一个完整的自动履行条款往往包括以下事件：事件 1，甲与乙确定交易的融资租赁物 M；事件 2，甲与乙确定融资租赁物每期租金为 a，一共 n 期；事件 3，甲与乙确定租赁期限届满，乙支付象征性价款

---

❶ 华劼. 区块链技术与智能合约在知识产权确权和交易中的运用及其法律规制 [J]. 知识产权, 2018 (02)：14.

Z 即可取得租赁物的所有权；事件 4，甲交付融资租赁物 M 于乙，供其使用；事件 5，乙按期支付租金直到第 n 期；事件 6，乙支付事先约定好的象征性价款 Z；事件 7，乙取得融资租赁物的所有权。由此，融资租赁智能合约模板必然是：

如果（正确）{

如果（甲与乙确定了欲进行交易的融资租赁物 M）将执行 {

通知甲、乙确定每期租金为 a，一共 n 期

然后（甲与乙确定融资租赁物移转的象征性价款 Z）

然后（乙确认甲已交付融资租赁物 M 于乙）

然后（乙支付租金 $a1$）

然后（乙支付租金 $a2$）

…………

然后（乙支付租金 an）

然后执行 {计算乙支付的总租金 $Y = a1 + a2 + a3 + a4 + \cdots + an$}

然后（甲、乙确认租赁期限届满）

如果 {（乙支付象征性价款 Z）&（甲确认收到）} 则执行 {甲向乙移转融资租赁物的所有权}

否则 {等待}

}

否则 {等待}

}

上述智能合约模板为典型的自动履行条款示例，包括"if 甲交付融资租赁物 M 于乙，then 乙支付租金""if 乙支付象征性价款，then 移转租赁物所有权"等具有逻辑处理能力的条款。其他诸如

标的物、价款、租金、区块链的许可使用等作为非自动履行条款也会被写入广义智能合约。

总而言之，自动履行条款是具有内在处理逻辑，整体上呈现条件与结果关系的条款，亦即狭义上的智能合约。自动履行条款与非自动履行条款最大的区别在于自动履行条款具有强大的自动强制执行功能。这一功能使得智能合约在一定程度上解决了传统合同违约频发的问题。[1]

（二）自动履行条款是一种法律行为

若能在既有法学体系中解释智能合约，便无创造新的法律概念的必要。狭义智能合约作为典型的数据电文，在能够表现所载权利义务关系且能够调取查用的情况下，具有一定的法律效力，故可以从法律行为的角度探寻智能合约的具体法律性质。

法律行为，是指根据行为人的意愿而发生法律效果的行为。[2]狭义智能合约的本质是将当事人的主观意图转换为计算机可以识别的代码指令。法效意思的有无是以当事人的客观行为作为判断依据的，而不考虑当事人的主观想法。一是主观想法过于缥缈难以揣测，二是行为人的真实想法可以通过客观行为进行推测。在智能合约的使用过程中，当事人虽不能理解程序代码，但输入数据、关联账户、提交私钥、移交财产的行为已经充分说明其具有为智能合约所约束，期望依据智能合约产生一定法律效果的自决意志。

在自动售货机的使用上，购买者以投币的形式对狭义智能合约的内容予以认可。[3]在电子交易中，当事人则通过"点击生效"

---

[1] 柴振国. 区块链下智能合约的合同法思考 [J]. 广东社会科学，2019 (04)：238.

[2] 朱庆育. 法律行为概念疏证 [J]. 中外法学，2008 (03)：46.

[3] 于海防. 数据电文意思表示制度基本问题研究 [M]. 北京：法律出版社，2015：55.

（Click Wrap）的方式来同意狭义智能合约的内容。此时，当事人的点击行为和电子签名等与传统合同关系中的承诺行为具有同等的法律效果。在合同法没有禁止合同权利与义务的数据表达形式的前提下，当事人的意思表示以数据形式做出并不违背任何合同法的基本原则。● 在立法上，美国于 1999 年颁布的《统一电子交易法》（Uniform Electronic Transactions Act，UETA）认为，电子签名属于具有法律行为意义的电子证据。此外，2000 年美国《全球和国内商务电子签名法》（Electronic Signatures in Global and National Commerce Act，E Sign Act）也认为电子协议具有法律效力，当事人可以借由电子签名实现数字承诺。在我国，2004 年颁布的《电子签名法》第十三条、第十四条以及 2019 年施行的《电子商务法》第四十八条第一款也都肯定了电子签名的法律效力。从这个意义上来说，智能合约当事人的点击生效、电子签名等行为具有一定的法效意思，与传统合同的签字盖章行为具备相同的法律效力。

狭义智能合约合意的达成绝不是准法律行为那样简单的意思通知，也不是事实行为那般与行为人意志无关，直接依法律规定产生的法律效果。法律行为以当事人、意思表示、标的为成立要件，这些在狭义智能合约中都可以找到相对应的地方。在狭义智能合约"if A then B"的逻辑前提下，预设条件的达成意味着财产、价值的转移，引发的是权利义务关系的转换。这是当事人具有法效意思且实施法律行为的表现结果。

法律行为只是指向法律效果之创设，不以效果之实现为必要。● 狭义智能合约于合意达成之初即创建了"if A then B"的法

● Surden H. Computable contracts [J]. UCDL Rev.，2012，46：629.

● 朱庆育. 法律行为概念疏证 [J]. 中外法学，2008（03）：48.

律效果，至于该效果能否实现则有赖于 A 行为的履行，在 A 行为未能实际履行的情况下，B 效果虽不会发生，但也不影响狭义智能合约法律行为的属性，这符合法律行为本身之定义。在美国，佛罗里达州、内布拉斯加州、俄亥俄州、佛蒙特州、亚利桑那州、田纳西州及纽约均认可智能合约具有法律效力，❶ 也从侧面印证了智能合约本质上是一种法律行为。

值得一提的是，法律行为是实现私法自治的工具，❷ 狭义智能合约的法律行为属性也应被限制在私法领域。虽然在区块链的支持下，智能合约的技术属性决定其存在被应用于行政处罚、反不当竞争、刑事司法等公法领域的可能，但本书对狭义智能合约的法律行为的定性只限于私法领域，而不能扩展至更广的应用前景中去。

（三）自动履行条款是一种负担行为

法律行为的划分方式有多种，单方法律行为、双方法律行为、多方法律行为的划分方式只是其中之一。在狭义智能合约能够参与到上述所有行为中的情况下，依此类标准进行细分并无实际意义且存在错漏。

有观点认为"if A then B"的自动履行是当事人事先商定的自助行为。❸ 在我国，自助行为规定在《民法典》第一千一百七十七条，私法上的自助行为是合法权益受到侵害而国家公权力不能及时提供保护的前提下，扣留侵权人财物等合理措施。自助行为以权益受到侵害为前提。但"if A then B"的自动履行条款不是防范

---

❶ Smart contract legislation updates by state ［EB/OL］.（2020－05－02）［2021－04－23］. https：//www. sagewise. io/smart－contracts－state－legislation.
❷ 朱庆育. 民法总论［M］. 北京：北京大学出版社，2013：73.
❸ Raskin M. The law and legality of smart contracts［J］. Geo. L. Tech. Rev.，2016，1：305.

侵权行为的保护性约定，更不是直接侵害权益的不法约定。自助行为理论只关注狭义智能合约的自动履行功能，在具体适用上具有较大的逻辑漏洞。

自动履行条款的属性在法律行为理论框架内存在进一步细化的可能。自动履行条款对合同权利的限制，是其法律属性解释论必须解决的一道难题。仅从条款规则来看，"if A then B"的自动履行条款创设的是当事人在 A 条件成就后请求履行 B 义务的权利。对于 B 的履行义务人而言，其承担的是特定的 B 行为义务。因此，"if A then B"规则本质上是一方相对于他方承担一定行为义务的法律行为，也就是一种创设给付请求权的负担行为。在 A 条件成就之后，B 义务的实际履行属于典型的处分行为，直接引发权利的变动。通观整个交易逻辑，B 行为义务因自动履行条款的缔结已然存在，但其能否实现仍有赖条件 A 的成就。

自动履行条款的特殊之处在于，B 义务的履行具有自动、强制、不可更改的特点。❶ 在自动履行条款的法律属性为负担行为的逻辑前提下，所谓的自动履行功能只是确保义务正确履行的一种技术辅助而已。虽然算法的线性思维与确定性决定了计算机语言下的"if A then B"规则具有发生的必然性，由此产生算法"准公权性"❷ 的强制力。但在法律语言的体系里，"if A then B"只是对当事人义务负担的确定。至于该义务能否被正确履行，则是人力或技术需要解决的实际问题，不再是法律关注的重点。如此一来，智能合约一直存在的诸多理论问题便有了更合适的解释方法。

首先，将自动履行条款定性为负担行为能合理解释其对当事

---

❶ 王瀚，杨辉旭. 智能合约的私法挑战与应对思考［J］. 云南社会科学，2019（04）：130.

❷ 郭哲. 反思算法权力［J］. 法学评论，2020（06）：25.

人合同撤销、变更、解除等权利的限制问题。自动履行条款作为一种负担行为，只在当事人之间创设给付请求权。当事人权利的限制，因计算机程序设定的给付行为的强制化而生。作为义务履行的辅助手段，此种强制化在与法律规定相冲突的情况下，可以予以适当的限制或禁止。仅从自动履行条款本身的法律属性出发，其作为负担行为没有限制当事人的合同权利，也没有违背意思自治的基本精神。

其次，将自动履行条款定性为负担行为能够囊括其应用于单方法律行为、双方法律行为、多方法律行为中的可能。现有智能合约研究的误区在于，未能认识到"if A then B"条款的订立不以合意为必需，也不要求意思表示的对立一致。合同说关注到智能合约"if A then B"的特点，将条件 A 和结果 B 与合同中的权利义务关系相对应，是目前最接近智能合约本质的学术观点。然而，若认为狭义智能合约等于合同，则忽视了条件 A 与结果 B 的确定不以合意为必需的事实。若认为广义智能合约等于合同，则忽略了广义智能合约应用于汇票承兑、继承权放弃、公司决议等非合同行为中的可能性。将狭义智能合约定性为负担行为才能囊括其应用于单方法律行为、双方法律行为、多方法律行为中的可能。

至此，自动履行条款在现实中的应用便有了更合理的解释方案。在诸如汇票承兑此类的单方法律行为中，"if A 取得汇票，then B 承担票据债务"的自动履行条款属于 B 对票据债务的负担行为。在买卖合同的双方法律行为中，"if A 付款，then 标的物移转给 B"的自动履行条款是 A、B 分别承担付款义务和所有权移转义务的负担行为。在设立合伙企业这样的多方法律行为中，"if 甲、乙、丙各出资 50 万元，then 设立合伙企业，共同经营，共负盈亏"的自动履行条款是甲、乙、丙各自承担出资义务的负担行为。无论是单方法律行为、双方法律行为还是多方法律行为中的自动履行条款，实质上都是当事人相对于他方承担一定义务的负担行为。

虽然理论解释已无障碍，但智能合约的实际应用依然存在问题。计算机程序对"if A then B"规则的理解与法学理论解释存在差异。在算法线性的逻辑思维下，法学意义上的"A 义务"与"B 义务"被看作条件与结果，且"条件 A"的成就必然导致"结果 B"的发生。❶ 由此，实际操作中的智能合约仍具有强制力，❷ 存在不当变动当事人权利的可能。这一问题有待下文进一步分析并解决。

四、非自动履行条款的特征

非自动履行条款是排除自动履行条款之后广义智能合约剩下的其他条款，是不具备内在处理逻辑，但作为广义智能合约的一部分被添加在区块链上的约定。典型的非自动履行条款包括但不限于管辖约定条款，不具有履行内容的义务约定条款❸，以及对区块链智能合约技术的许可使用条款等。由于当事人之间的管辖约定以及不具有履行内容的义务约定等，不会对当事人之间的权利义务关系产生实质性影响，只起到权利宣示或程序约定的作用。故本书主要针对非自动履行条款中的区块链智能合约技术的许可使用条款展开论述。

非自动履行条款不具有"if A then B"的自动履行机制，但这并不意味着其价值和意义会逊于自动履行条款。智能合约在私法

---

❶ O'Shields R. Smart contracts: Legal agreements for the blockchain [J]. NC Banking Inst., 2017, 21: 177.

❷ 郑戈. 区块链与未来法治 [J]. 东方法学, 2018 (03): 75–86.

❸ 如约定当事人之间应尽勤勉义务，诚实守信等。

交易中效率、成本价值的实现有赖于以下两点设计："if A then B"的强制履行规则以及去中心化的交易模式。前者受自动履行条款控制，后者由非自动履行条款决定。智能合约一经订立，当事人不仅就自动履行条款中的义务负担达成一致，也就区块链与智能合约技术的使用达成了合意。自动履行条款与非自动履行条款合意达成的不同之处在于：自动履行条款有关义务负担的约定缔结于当事人之间，而非自动履行条款有关区块链与智能合约技术的使用协议缔结于当事人与区块链平台提供者之间。由于区块链平台提供者对各式各样的当事人提供的是统一、无差别的去中心、匿名和不可篡改的技术服务，因此，非自动履行条款以未与当事人协商、可重复使用且预先拟定好的格式条款为主，理应遵守《民法典》第四百九十六条有关格式条款说明义务的规定，且不得"不合理地免除或者减轻其责任、加重对方责任、限制对方主要权利"。

当事人订立非自动履行条款时，只有通过点击"同意"的方式才能获得相应的智能合约服务。第一，当事人在点击"同意"时，具有与平台订立服务合同，并处分自己权利的意思表示。"同意"本身即带有意思表示的属性。第二，智能合约当事人"同意"的对象是智能合约平台提供的《用户服务协议》，该协议包括"区块链智能合约技术的许可使用协议"这一重要内容，《用户服务协议》属于要约，而当事人的"同意"构成承诺。因此，非自动履行条款中的区块链智能合约技术的许可使用条款属于当事人与智能合约平台之间订立的服务协议中的一项约定，主要包括当事人同意使用智能合约平台提供的去中心、匿名和不可篡改的技术服务的约定。

正是基于此约定，智能合约平台借助非自动履行条款取得了聚集当事人权益，特别是财产权益的合法性基础。为了进一步享受智能合约平台提供的技术服务，当事人必须将货币、财产移交区块链操作、管理，由此形成权益聚集。易言之，区块链对当事人权益进行操作、管理的权利来源正是当事人签订的非自动履行条款。然而，财产权益具有增值属性，产生天然孳息和法定孳息。这种增值可被看作对财产权益进行操作和管理的一种奖励，在享受增值奖励的同时，平台亦需承担相应的管理义务。因此，平台对当事人权益的操作和管理既是权利也是义务，且根源于智能合约的非自动履行条款。

由于非自动履行条款包含一切无须自动履行内容的约定，赋予其自动执行的功能没有必要且浪费资源，故其不具备自动履行条款的自动履行功能。由于非自动履行条款使得区块链操作、管理当事人的财产权益，并许可去中心化技术的使用，这导致区块链上积攒了大量游离于中央监督机构之外的权益等待分配。区块链去中心、匿名、不可篡改的特点对当事人交易的不利影响在研究领域尚存有争议，普通人更加难以预见其对区块链的许可使用会给自身带来的不利后果。因此，当事人就非自动履行条款达成的合意并不意味着其自愿承担使用区块链智能合约可能带来的一切风险。因非自动履行条款漏洞导致当事人受有损失的，其可以在法律支持的范围内寻求赔偿。如何防范、化解不受监管的智能合约所潜藏的交易风险，并保障智能合约平台使用者的财产权益不受侵害，是非履行条款在应用过程中面临的主要问题。

第三节 智能合约的机制与功能

相较于传统民商事交易而言，智能合约的创新价值在于通过事前设定的自动履行机制，不依赖权威第三方背书，实现合同的自动执行，在合同订立之初避免违约行为的发生，或在违约行为发生时自动提供救济，确保合同目的的实现。但这一特点也给智能合约带来不可更改、适应性不足的问题，完全颠覆了合同的变更规则与履行方式。因此，有观点提出，智能合约已经改变了传统交易的本质。❶ 当然，也有学者认为，智能合约只是一个简单的操作系统而已，没有改变交易的本质。❷ 问题的关键在于，智能合约自动履行的不可逆转是否限制了当事人的意思自治和契约自由？智能合约是否涉嫌强制缔约？法律如何规范智能合约的自动履行更为合适？智能合约的自动履行功能究竟是消除违约的利器还是限制意思自治的枷锁？智能合约的去中心化带来的风险和收益究竟何在？欲解答上述问题，有必要从其机制和特点出发进行考察。

一、智能合约的自动履行功能

区块链智能合约这种通过技术优势改变传统合同履行方式的做法，为交易当事人提供信任基础，降低交易成本，提升交易效率，具有显著的实践价值和应用前景。区块链智能合约通过自动履行的方式实现"权力下放"，起到缓解当事人履行负担的作用。不仅如此，这种一经发布即自动履行的功能，有效减少了重复谈判的成本，为当事人的交易提供了更为高效的履行方式。总之，智能合约的自动履行能够有效改进传统合同交易中存在的问题，创造一种稳定、可预期的合同关系，是对传统合同关系的一种革新。究其本质，区块链智能合约是以"自动履行 + 强制履行"机

---

❶ Dan Tapscott, Alex Tapscott. Blockchain revolution: How the technology behind bitcoin is changing money, business, and the world [M]. London: Penguin, 2016: 105.

❷ Sklaroff J M. Smart contracts and the cost of inflexibility [J]. U. Pa. L. Rev., 2017, 166: 263.

制确保约定内容具有执行上的确定性，但也在一定程度上限制了
当事人的诸多权利与意思自治。

（一）义务的自动履行

智能合约的订立和运行大致包括以下三个步骤：①形成合意，
制定智能合约。在智能合约制定之前，交易各方必须先就交易的
标的、权利义务关系等内容达成一致。其后，交易各方寻找到智
能合约的制作者，由制作者将合约执行的触发条件、履行规则等
编成代码，形成适合该交易的智能合约。②将智能合约上传至区
块链，附上区块链时间戳，使智能合约不可更改或删除，并在区
块链上进行节点传播和存储。③等待预设的触发条件达成，以自
动执行合约内容。❶ 一旦执行完毕即意味着交易完成，智能合约将
被移除区块。未执行的智能合约将根据实际情况自毁或被新的智
能合约覆盖。❷

激进的技术支持者认为，自动履行功能的出现，让区块链智
能合约完全取代了传统合同。❸ 相比于支持者的乐观，对智能合约
持保守态度的观点则认为，区块链使得合同的履行不可避免，改
变了合同的本质，应予限制。❹ 上述争论虽然集中合同交易，但
也说明智能合约的自动履行改变了传统的权利义务的履行方式，
其对法学体系的颠覆到底有多大，是否称得上对交易本质的改变，
有待论证。

合同履行是债之履行的一种。履行是债务人实施其应为的行

---

❶ 陈吉栋. 智能合约的法律构造 [J]. 东方法学，2019 (03)：18－29.

❷ 蔡一博. 智能合约与私法体系契合问题研究 [J]. 东方法学，2019 (02)：69.

❸ Savelyev A. Contract law 2.0：'Smart' contracts as the beginning of the end of classic
contract law [J]. Information & communications technology law, 2017, 26 (2)：
116－134.

❹ Werbach K, Cornell N. Contracts ex machina [J]. Duke LJ, 2017 (67)：313.

为，具体内容依具体债之要求而有所不同，亦是债之效力的核心。● 履行并不必然导致债的消灭，只有适当履行才能实现债务清偿的目的，不符合约定的履行带来违约责任的承担。如何确定违约责任及其责任大小，是理论和实践中常见的争议焦点。相比于解决问题，区块链智能合约倾向于完全"消灭"问题，即借助自动履行功能消除"不符合约定的履行"以及"合同的不履行"，保证合同能够按照事先约定的方式顺利履行，产生债的消灭的法律效果。

然而，人类意志的不确定性决定了合同履行过程存在诸多变数。为了保证合同目的能够实现，传统合同通过先履行抗辩权、同时履行抗辩权、不安抗辩权的抗辩权制度救济可能存在的合同不履行，通过违约责任救济实际发生的合同不履行，允许各方在履行过程中对合同添加新的合意或进行修改，并在必要时借助权威第三方（如法院）平衡各方权利义务关系。与传统合同不同，区块链智能合约加入后的合同试图借助自动强制履行消除履行过程中可能出现的不确定因素，进而实现权利义务从始至终的一致性平衡。

合同自动履行迎合了近十年来科技与法律的结合逐渐向自动化和智能化发展的趋势。区块链智能合约在法律和法学领域最大的突破在于，其能够消除违约行为发生的可能。区块链智能合约的自动执行以区块链技术确保数据的准确性，以智能合约实现具体的自动执行流程。严格意义上说，区块链智能合约并非绝对的自动履行，或者说不是智能合约中的所有条款都会、都需要自动履行。智能合约中包括自动履行条款和非自动履行条款。自动履

● 温世扬.《民法典》合同履行规则检视 [J]. 浙江工商大学学报，2020（06）：7.

行条款是"if A then B"的自动履行条款，被添加自动履行条款的部分当然会自动化履行。非自动履行条款包括管辖条款、权利义务的宣示条款等，这些条款没有可履行的标的，虽也会附加于区块链智能合约中，但非自动履行条款不会自动履行。目前，区块链智能合约自动履行的发展方向有两条❶：一是确定可以自动执行的"操作"字句。当满足"操作"字句的条件出现时，自动执行事先确定的执行事项。二是直接将法律明文规定的所有合同转换为代码，当事人对特定合同形式的需求都可以在区块链上找到模板。

从难度上而言，后者明显高于前者。不仅如此，前者相较于后者，更符合区块链智能合约自动履行条款与非自动履行条款有所区分的特性。对于非自动履行条款，赋予其自动执行的功能是没有必要且十分浪费的。后者"一股脑"的转换方式浪费了数据资源，降低了效率，不是区块链智能合约自动履行发展的合适路径。

值得一提的是，有观点认为智能合约使协议订立与执行的界限模糊化，完全瓦解了协议形成和执行之间的区别。❷ 这其实是对智能合约的误解，虽然在部分智能合约交易中，契约的订立与执行之间的时间界限只有几微秒，如自动售货机，但并非所有交易都是如此，如依托智能合约的融资租赁交易，其义务履行是分期的，合约的订立与执行之间存在明显的时间界限。即使是在自动售货机这种一瞬间即可完成的交易中，法律也能明确区分出"自动售货机是要约""投币是承诺""商品吐出是履行"等多个步骤。

---

❶ 蔡维德．智能合约重构社会契约［M］．北京：法制出版社，2020：17.

❷ Kwok M. Zhuge Liang: Strategy, achievements and writings. By Ralph D. Sawyer and Mei – chün Sawyer. pp. xii, 260. CreateSpace Independent Publishing Platform, North Charleston, South Carolina, 2014［J］. Journal of the Royal Asiatic Society, 2015, 25（2）：370 –374.

契约订立与执行的区分标准不是时间，而是具体的意思表示。因此，智能合约虽加速了义务的履行，但没有模糊协议成立与履行之间的法律界限。

（二）义务的强制履行

相较于履行的自动化，区块链智能合约更重要的价值在于实现了交易的自治。交易的自治无疑包括履行的自动化，但智能合约交易数据存储的永续性和排除第三人影响的特点远超"自动化"的单一功能。为了保证区块链智能合约的自治，义务的强制履行被认为是不可或缺的。实际上，针对区块链智能合约能否强制履行的问题，学术界的观点是截然相反的。有的观点认为智能合约的强制履行是其根本特性，对智能合约强制执行功能的限制已经改变了智能合约的本质。❶ 但有的观点则认为，智能合约的不可篡改有违合同自由原则。❷ 后者支持对智能合约的强制履行功能进行限制，以避免可能引发的理论悖论和交易风险，❸ 并认为修改、终止功能的添加不会使智能合约失去智能的特征。❹ 除纯理论争论外，区块链智能合约强制履行的限制能否在实际操作中予以实现，现有观点也无法统一。反对派的观点认为，智能合约强制履行的限制在技术上是不可实现的。❺ 折中派的观点认为，智能合约强制

---

❶ Savelyev A. Contract law 2.0: 'Smart' contracts as the beginning of the end of classic contract law [J]. Information & communications technology law, 2017, 26 (2): 116–134.

❷ 郭少飞. 区块链智能合约的合同法分析 [J]. 东方法学, 2019 (03): 5.

❸ McKinney S A, Landy R, Wilka R. Smart contracts, blockchain, and the next frontier of transactional law [J]. Wash. JL Tech. & Arts, 2017, 13: 313.

❹ McKinney S A, Landy R, Wilka R. Smart contracts, blockchain, and the next frontier of transactional law [J]. Wash. JL Tech. & Arts, 2017, 13: 313.

❺ Sklaroff J M. Smart contracts and the cost of inflexibility [J]. U. Pa. L. Rev., 2017, 166: 263.

履行的限制虽然可能，但代价太大，不符合交易成本的要求。❶ 支持者认为，区块链智能合约强制履行的限制可以通过有效的技术手段实现，且相较于智能合约不可逆的影响，智能合约的中途自毁或更改更符合交易的经济需求。❷

　　无论学者是否支持智能合约的强制履行，智能合约展现出的两点问题都不容忽视：其一，依托区块链智能合约进行的交易，不可避免地使智能合约的设计者和提供者处于优势地位，因为他们主导了智能合约的履行系统，交易的参与方和对手方只能被动接受智能合约的强制履行。依据自身的优势地位，智能合约的制作者或提供者可能通过智能合约格式条款的约定降低自己的交易风险。在智能合约强制执行的设计下，弱势方失去了变更交易、解除合同的权利。作为交易公平的维护者，法律不仅需要帮助当事人实现期待利益，更需要保护当事人尤其是弱势方的信赖利益。基于此，法律需要对智能合约的强制履行做出必要限制。

　　其二，智能合约的强制履行在部分情形下可能与当事人的实时交易需求相违背。对于复杂的商业交易，市场环境瞬息万变，交易的具体细节乃至是否履行都可能因市场环境的变化而改变。智能合约的强制履行在变幻莫测的交易环境中虽然维护了当事人订约之初的交易目的，但不一定符合当事人当下的利益需求。自动售货机的强制履行机制之所以被接受和容忍，只是因为交易本身权利义务关系简单，受交易环境影响较小而已。因此，考虑到私法交易，尤其是金融交易的复杂性，智能合约的绝对强制履行不仅有违法理，也不利于交易目的的实现。

---

❶ Werbach K, Cornell N. Contracts ex machina［J］. Duke LJ, 2017（67）：313.

❷ Dickson C. Chin, smart code and smart contracts［J］. Blockchain for Business Lawyers, 2017（3）：110.

可是，一味地否定区块链智能合约的强制履行，否定其不可篡改、自动履行的价值，则未免矫枉过正。❶ 因此，问题的关键应该是哪些内容可以修改，怎么修改。智能合约存在自动履行条款与非自动履行条款的区分。对非自动履行条款的修改不会对义务的履行带来影响，故应允许对其进行不可变更的强制。区块链智能合约的自动履行条款与义务履行直接相关。自动履行需要满足预设的状态条件，触发自动履行机制，并以确定的义务履行限制合同的修改。❷ 虽然这在一定程度上限制了当事人合意达成后的意思自治，但当事人是在明知自己的变更权利受限的情况下依据其自由意志选择的智能合约。正如民事诉讼中的禁反言规则一样，当事人不应随意否定自己的在先意思表示，而应当有正当程序的规定和限制。具体的规则包括：其一，应允许当事人在自动履行结束之后，依据法律规定或者合意恢复原本的权利义务关系。其二，在智能合约的强制履行可能带来社会经济、金融风险，或构成犯罪的情况下，应允许权威第三方的介入以及对智能合约的强制性终止。其三，若当事人想要在智能合约履行过程中解除、撤销、变更交易，该请求的唯一正当性来源应是智能合约的最终履行带来的损失要高于履行的收益。而为了避免个案的不断审查降低智能合约的整体效率，有必要划分智能合约的使用范围：对于义务履行较为确定的交易使用强智能合约，禁止合约变动；对义务履行变动可能性较大、影响较广的交易使用弱智能合约，允许合约的适当变动。具体分类和判断标准限于文章结构，将在下文展开讲解。

---

❶ 郭少飞. 区块链智能合约的合同法分析 [J]. 东方法学，2019（03）：14.
❷ 郭少飞. 区块链智能合约的合同法分析 [J]. 东方法学，2019（03）：15.

二、智能合约的去中心化机制

智能合约的去中心化机制是其最不同于传统交易之处。所谓的去中心化，即智能合约交易中没有传统的中心机构对整个交易进行监管。智能合约的去中心化的实现机制如下：每个智能合约的交易者构成一个区块节点，借助分布式记账技术，每个区块都记录并保存着区块链上的全部交易信息。即智能合约的交易不由某一中心储存，而由每个节点储存。如此一来，即使某一区块出现故障或丢失账本，也不会影响其他区块的交易。

同样是借助去中心化机制，由于每一个区块都保留了整个区块链的交易记录，除非达到 50% 以上区块的同意，交易记录便不得修改。而借助运算规则的"if A then B"逻辑，智能合约也无须第三方中心辅助交易完成，智能合约的订立和执行，都可以在去中心的结构中不依靠第三方予以实现。而由于自动履行的强制性使得违约不可能发生，事后救济也就失去了存在的必要性。依靠这种没有中心的全区块平等的交易结构，区块链智能合约整个交易集合呈现出扁平、分散的特点。智能合约也因此在代码的帮助下实现了去中心的绝对自治。

总之，区块链智能合约的去中心化具有节约权威第三方成本、交易独立、交易自足等诸多优势。但需要认识到的是，由于技术上的局限，以及认为代码编写的不可避免，理想状态下的去中心化目前还不能完全实现，故出现交易故障或争议时，仍需为法律留有必要的介入空间，以规范智能合约交易。

三、智能合约的机制特点

智能合约去中心的自动强制履行是其改变私法交易模式的核

心所在。由此，区块链智能合约展现出托管性、自动性和封闭性的特点。

（一）智能合约具有托管性

现代交易的蓬勃发展，离不开交易托管模式的兴起。以互联网交易中的第三方支付为例，由于第三方平台提供了资金的暂时托管，买方得以在收到货物并确认没有瑕疵之后，再将资金移转给卖方。❶ 如若卖方义务履行不符合约定，买方可以较为方便地退货，并保证资金安全。这种将资金托管给第三方平台的做法，实质上是通过托管人的信誉，实现以托管人为中心的链式信任，从而取代难以达成交易的当事人之间的双边或多边信任。

智能合约虽采取去中心化的技术设计，但依然保有互联网交易的托管性特征。交易达成后，虚拟货币与特定资产将被固定在区块链上，待一方履行 A 义务之后，执行事先约定好的 B 义务。❷智能合约自动履行机制的实现，有赖于区块链上资金的托管与交付机制。❸

目前，智能合约托管机制的实现有两种方法：其一，自动执行程序。通过将资产和虚拟货币固定在区块链上的方式，当约定的条件 A 达成时自动执行后续的义务 B，如买方违约时自动变卖抵押物抵偿损失，租期届满时租金的自动移转，等等。其二，借助多方签名验证（Multi – Sig）移转托管资产。此种方法需要各方当

---

❶ 于秀丽. 电子商务中第三方支付的安全问题研究 ［J］. 宏观经济管理, 2017 (S1)：134.

❷ Narayanan A, Bonneau J, Felten E, et al. Bitcoin and cryptocurrency technologies：A comprehensive introduction ［M］. New Jersey：Princeton University Press, 2016：111.

❸ Jessel B, DiCaprio A. Can blockchain make trade finance more inclusive? ［J］. Journal of Financial Transformation, 2018, 47：35 –50.

事人通过密钥确认真实身份并批准执行事先约定的事项。❶ 然而，多方签名机制的设置本就违背智能合约提高交易效率的设计初衷，故应用场景应预设为重大交易。一般情形下的智能合约托管交易以自动执行机制为主。

智能合约的托管不同于传统意义上的托管合同。托管合同以当事人合意以及独立的第三方为构成要件，而智能合约的"托管"没有实际意义上的独立第三方，而是借助计算机程序实现区块链上的暂时保管。❷ 智能合约上的托管依然是去中心化的非第三方程序托管机制。

（二）智能合约具有自动性

智能合约的自动履行被认为是一种"自助的、先发制人的"形式。❸ 有学者认为这种自动履行机制与法院的司法执行具有类似的纠纷解决功能。这显然是对智能合约的自动履行机制认识不足。第一，司法执行与自动履行的涵盖范围存在差异。智能合约的自助或自动机制体现在条款记录、义务履行、事后救济等诸多方面。第二，司法执行与自动履行的时序不同。作为事后救济行为的司法执行属于典型的事后措施；而智能合约强调在合约订立时，履行开始之前确定争议的解决机制，属于一种特殊的事前机制。第三，司法执行与自动履行存在价值差异。司法执行希冀通过事后救济使错误的权利变动归位，避免权利义务的不平等；而智能合约的价值在于通过事前的程序设计避免违约行为的发生。

---

❶ Narayanan A, Bonneau J, Felten E, et al. Bitcoin and cryptocurrency technologies: A comprehensive introduction [M]. New Jersey: Princeton University Press Princeton University Press, 2016: 111.

❷ 王利明. 合同法分则研究（下卷）[M]. 北京：中国人民大学出版社，2013：462 - 465.

❸ Raskin M. The law and legality of smart contracts [J]. Geo. L. Tech. Rev., 2016, 1: 305.

智能合约自动履行机制的产生以当事人的同意为必要，这也是其有别于传统电子合同的地方。电子合同和智能合约虽然都要求当事人通过数字约定就交易达成意思表示的一致。然而，电子合同无法实现约定的自动履行，其仅是纸质合同的另一种表现形式而已。智能合约从合约订立之初即可自动履行约定义务，这种将履行确定化、自动化的特点是智能合约的特殊所在。

（三）智能合约具有封闭性

智能合约自动履行机制的实现，必然需要排除外界的过度干预，由此形成其封闭机制。具体而言，智能合约的封闭性体现在以下两个方面：其一，智能合约的订立、履行和纠纷处理具有一体性。只要智能合约得以订立，其将自动履行义务、解决纠纷，进而降低违约的发生，提高合约的可预期性。其二，避免外界的干扰。为了尽可能提高交易效率，智能合约的自动履行在不需要外界辅助的同时，也通常不允许外部的干预和操作。这使得智能合约一旦订立，其后的履行便无法更改。即使当事人达成一致，或存在法律的明确规定，智能合约也会排斥依据上述理由做出的修改。这种封闭性使得智能合约出现履行僵硬化的特点。

第二章

智能合约的规制正当性

区块链智能合约的使用优势众多。首先，区块链智能合约交易有着更透明的信用评价机制，让交易者能够在不知晓交易对手方的情况下根据过往交易记录相信交易对手的诚实可信。其次，记载于区块链智能合约上的电子记录难以篡改，这使得交易更加安全，吸引了世界上最大的银行和金融初创公司的关注。[1]

然而，这些所谓的优势并不能掩盖智能合约存在的法律风险，以区块链智能合约的自动履行功能为例，该功能既简便了合约履行，又改变了传统交易的履行方式。该履行方式的改变乍看之下提高了交易效率，但也限制了当事人的履行自由和意思自治。与此类似，智能合约的非自动履行条款对去中心化技术的使用虽然创造了信任，扩宽了交易渠道，但也有逃避监管之嫌，给当事人的权利保护提出了

---

[1] O'Shields R. Smart contracts: Legal agreements for the blockchain [J]. NC Banking Inst., 2017, 21: 177.

更高的要求。智能合约究竟该如何规制，在禁止、放任和限制之间究竟该如何选择，势必由其应用价值和局限共同决定。

第一节 智能合约不该"禁"：智能合约的价值基础

虽然智能合约存在一定的使用风险，但其依然被视为足以改变现有交易模式而值得被广泛应用的交易工具。只关注区块链智能合约的应用风险无法准确理解其工具、经济与法学价值，也无法在利弊之间寻找合适的规范路径。智能合约价值的探寻，是确定其不该被绝对禁止的必要前提。

一、信任创造的工具价值

相较于区块链智能合约技术本身，其对私法交易的贡献更体现在将分布式的思维引入经济与法律范畴，创造一种基于技术的社会信任体系，以实现对中心化机制的颠覆。● 这种新型的社会信任体系消除了交易各方对对手方的疑虑，为交易提供了更广阔的空间和机会。英国法学家亨利·梅认为人类社会的进步是"由身份到契约"（from status to contract）的转型过程。现代社会从"熟人社会"向"陌生人社会"的转变过程意味着"身份"变得不再可信和可靠。不仅如此，在世界地图被逐渐点亮的过程中，"身份"在跨国交易中难以起到让交易对手方信任交易的功能。在这样的契机下，"契约"代替"身份"成为维系陌生人交易甚至促进交易发展的重要纽带。无论如何，社会和交易的发展始终是围绕

● 倪蕴帷. 区块链技术下智能合约的民法分析、应用与启示 [J]. 重庆大学学报（社会科学版），2019（03）：171.

信任创造方式展开的。在这方面，智能合约找到了一条新的道路。

（一）智能合约能够创造信任

早期的部落依靠血缘关系建立信任，晚近的熟人社会依靠彼此熟识建立信任，互联网时代则依靠信息的互通建立信任。区块链智能合约出现之前，在从熟人社会向陌生人社会过渡的过程中，人们无从了解交易对手方是否诚实可靠。社会的发展使人们在生活中充斥着与陌生人的交易，一次性的交易互动也越发频繁。此时，对陌生人的信任是难以构建的。随着时代的发展，强大的中介机构通过对交易结果的担保填补了人们对交易可信度的需求。大型商场、大型电子商务平台、银行等中介机构都是创造信任的主要来源。这些强大的中介机构依靠雄厚的财富实力让消费者可以放心地通过中介进行交易。人们不必付出过多成本去建立关系，即可相信这些中介机构的商品能够保质保量。

理想情形下的中介机构需要不偏私，保持中立。但权力具有天生的扩张性，权力寻租等异化现象也就不可避免。❶ 不仅如此，强大中介机构的存在意味着巨额资金以及大量个人信息的聚集，这使得对强大中介机构的监管变得十分困难，也使得强大中介机构对经济的影响变得过于重要。它们一旦出现危机，整个社会的经济发展可能都会受到影响。区块链智能合约最核心的价值在于能够在陌生当事人之间创造信任，这份信任并非对交易对手方的信任，而是对区块链自治的制度信赖以及对智能合约自动履行的机制信赖。出于对过度中心化的反思，区块链智能合约通过共识机制、"币天"规则设计以及智能合约对失信行为的消除与限制，实现了没有强大第三方中介参与的交易合作。

---

❶ 郑戈. 区块链与未来法治 [J]. 东方法学，2018 (03)：78.

1. 共识机制对信任的创造

区块链的共识系统通过对系统和技术的信任取代了对个体的信任。[1] 对比古代和现代的做法，可以发现古代的地契是去中心化的，现在的房屋登记是中心化的，这种发展趋势为区块链所颠覆。区块链的再次去中心化之所以能够获得普通民众的信任，根本前提是大家必须就区块链上的交易达成共识。但比较容易为大众所误解的是，去中心化并不是一种结果，而是一个过程。结果的去中心化意味着"一 CPU 一票"[2]，即每个人都可以通过自己的手机或电脑在区块链上挖矿或投票。但结果去中心化的问题在于，拥有分配 IP 地址权利的人将统治整个区块链。比如，僵尸网络中的数十万台机器就可以轻松取得 51% 的修改权利。中本聪设计的区块链强调的是过程的去中心化。在结果上虽然僵尸网络拥有数十万台机器，但僵尸网络的行为模式和行为逻辑是完全一样的，其表现的相关性仅为 1，只会被当作同一节点看待。因此，"去中心化"的本意是维护每个人参与共识的自由度，每一个节点在区块链上都有参与的权利，也有退出的权利。在区块链信息对称的情况下，参与的自由度即意味着公平。区块链共识机制对信任的创造不在于技术本身，而在于技术创造一个自由竞争、自由选择的环境。

古代社会的交易制度是人对人的交易，需要国家公权力或行业的名声维护交易的信赖。商场购物的交易制度是人对商场的交易，虽然卖方只是租用商场柜台，但商场对交易安全的负责和担

---

[1] 凯文·沃巴赫，林少伟. 信任，但需要验证：论区块链为何需要法律 [J]. 东方法学，2018（04）：83–115.

[2] 巴比特. 区块链十年——看见怎样的未来 [M]. 北京：中国友谊出版公司，2019：34.

保使得人们信赖商场交易的制度。网络购物其实是商场平台的网络化，与其说买方相信的是卖方，倒不如说买方相信的是淘宝等电商平台。在区块链上的交易要想顺利进行，需要的是交易方对区块链搭建的新型交易制度的信任。在共识机制的作用下，区块链的使用者相信在区块链这样一种类社团组织中，一旦对方出现交易违约，他的行为将被诚实记录在区块链上并不可修改。基于此条交易记录，区块链上的所有使用者都将达成此人不诚信的共识。可以说，区块链在人类社会交易从"人对人"向"人对平台"转变之后，又重新回到了"人对人"的交易模式上来。在古代，东村可能没法知晓西镇所有人是否诚信。但区块链可以实现全球的交易记录和评价，使得区块链的使用者能够清晰了解交易对手方的诚信程度，即使对方远在异国他乡。

更为关键的是，传统意义上的信任是不可传递的，每笔交易只有直接参与者可以知晓。这使得甲对乙的信任并不能使丙对乙抱有同等的信任。这种成对的信任结构效率低下且传播成本较高。● 但在区块链合约交易中，每增加一笔交易，整个系统都会对区块链进行更新，并保证所有区块对区块链上所有交易了如指掌，加快了交易信息的互通，从而大大降低了交易成本。这种链条化的信任传递机制是区块链智能合约的核心价值之一。

2. "币天"对信用的创造

在交易缔结前，信息掌握的多少是人们是否选择达成交易的重要指标。人类经济的发展在很长一段时间之所以缓慢，根本原因就在于信息交流的不通畅。商品质量的口口相传是一种美谈，

● Van Alstyne M. Why Bitcoin has value ［J］. Communications of the ACM, 2014, 57 (5)：30 –32.

但也限制交易效率。随着人类文明的发展，公司和中介机构的产生逐步加速信息传递的效率，但也带来高昂的中介成本。互联网在进一步提高信息传递效率的同时，没能消除交易需要中介的问题。没有绝对中心的区块链的价值即体现于此，通过对交易记录的忠实记录在方便交易者查询交易信息的同时，无形中更高效地创造了信任。也有观点认为，客观信息的记录只是信用产生的最低要求，区块链的共识机制对信用的创造是有限的。❶ 此种观点的问题在于，将区块链理解为静态的、不可篡改的账本，而忽视了区块链交易不可逆的时间特性。

自人类社会存在交易以来，我们一直将交易理解为静态的等价交换，却忽视了交易的时间箭头。区块链上的交易将"币天"（Coin Days）引入信用评价体系。"币天"等于虚拟币金额乘以虚拟币未使用的天数。"币天"值越高信用评价就越高。比如，A 使用 100 天前收到的 100 个虚拟币，相应的"币天"值则为 10000。在 100 虚拟币使用之后，该 100 虚拟币的天数将重新从 0 开始起算。"币天"的规则设计从根本上消除了刷单的可能性。如两个账户试图利用同样一笔虚拟币反复交易进行刷单，由于每次交易完成，虚拟币的累计天数就会归零，所以后面交易的"币天"在信用评价体系中都微乎其微。与此同时，试图通过小额多单的方式刷高信用评价的行为也会因为金额过小而作用有限。在传统交易乃至互联网交易中，信用常被当作人性问题，监管机制常常试图从道德层面约束交易行为。因此，淘宝、支付宝等权威第三方选择建立极为复杂的信用体系，从交易者的职业、收入等方面评价个人的信用高低。但这样的信用评价以当事人个人信息的大量收

集为必需，此种界限依然在法学界争论不休。区块链上的信用评价变个人信息收集为数学的基础计算。"币天"计算不包括任何的个人信息，但能显著体现各节点的真实信用。因此，区块链上的信用创造不仅体现在信息的诚实记录与自由选择权利的赋予，还在于"币天"评价体系对信用的记录能够消除刷信用行为的存在，保证信用记录的绝对真实。

3. 自动履行技术对信任的创造

在传统网络交易中，交易的缔结必定需要一个可信第三方，该第三方既监督合约的执行，又担保交易的顺利进行，还承担交易记录的职责。以淘宝购物为例，淘宝和支付宝在整个购买过程中即为典型的中心化裁判者。具体的交易流程如下：

（1）买家在淘宝下单，与卖家签订买卖合同，淘宝担保货物产品质量不合格时买家可以退货退款。

（2）买家通过支付宝支付交易金额，在买家确认收货之前，款项由支付宝代管。

（3）支付宝和淘宝共同记录交易的具体信息。

在利用区块链智能合约进行与上述相同的买卖交易时，存在线上与线下两种交易模型。线上的交易流程如下：

（1）买方与卖方签订买卖合同。

（2）买方与卖方借助智能合约生成器生成智能合约并记录在区块链上。

（3）买方支付特定金额的比特币，卖方上传特定标的物。

（4）在买方支付完毕，卖方上传完成之后，智能合约将比特币转入卖方账户，并将标的物转入买方地址。

线下的交易需要预言机（oracles）的配合。区块链智能合约的链上世界要求特定事件按照代码设定好的顺序一个接一个地确定发生。但现实世界中没有必然的事件发生顺序。这些没有顺序、没有计算机逻辑的事件是区块链智能合约无法理解的。智能合约处理线上信息，预言机处理线下信息，两者直接通信并共享信息的机制，旨在解决区块链智能合约对现实的理解不能。当卖家在线下将物品移转给买家并由买家确认收货之后，预言机会向智能合约发出触发信息，接到信息之后的区块链智能合约会自动将比特币转入卖家账户。

通过区块链智能合约交易与传统网络交易的对比可以发现，原本的中心化裁判者（如淘宝、支付宝等）被预先设定自动执行规则的区块链智能合约所取代。但区块链智能合约并非传统的可信第三方，因为智能合约并不由特定人控制，利用区块链智能合约进行的交易也不需要人的参与。因此，智能合约的信任创造依靠的不是权威第三方而是自动执行的特定技术。就像人们会相信只要投币就能从自动售货机取得货物一样，是没有感情、绝对公正的机器创造了信任。严格意义上来说，区块链智能合约不是完全消除中心的"去中心化"，而是"弱中心化"或"多中心化"。这种"弱中心化"降低了交易者对中介的依赖，通过全网的信息公开使得交易者可以相信交易的真实性。在"弱中心化"的设计下，智能合约没有被系统所有者修改或删除的风险，数据的有效和修改有赖于超半数节点的共识机制。此外，智能合约自动执行的机制尽可能排除了发起者和第三方的介入，避免了不必要的风险。最后，智能合约的自动执行依靠代码的强制性决定。这种自我强制意味着违约的不经济和不可能，进一步确保智能合约值得信任。

（二）基于信任的"信赖保护"

所谓"信赖"，内含"信任并依赖"之意，本质上是一种主观心理状态，较难有客观衡量标准。在智能合约交易中，信赖的产生源于其独有的共识机制，通过对区块链使用过程中各种条款的明示或默示同意，区块链的使用者达成了区块链使用的合意。之所以能达成这种合意，其信赖根源有三个：一是对技术的信赖；二是对技术提供者的信赖；三是对共识的信赖。

对技术的信赖并非空穴来风。随着计算机和网络技术的发展，人们已经习惯借助网络或计算机工具进行交易甚至支付。虽然使用者对支付宝、淘宝背后的技术知之甚少，但不妨碍其信赖所使用的工具能够保障交易安全。从本质上而言，对技术的信赖源于对技术提供者的信赖。在使用某款 App 时，当事人不必相信技术能够实现什么，只需相信该技术的提供者的信誉足够好就行了。此外，智能合约交易中信赖的产生有赖于当事人对智能合约及其运作方式的信赖。只要使用者相信智能合约的共识机制能够保证财产安全，信赖便得以产生。

智能合约的使用者对智能合约信赖，本质上是对区块链共识机制、信用体系和智能合约自动履行功能的信赖。当事人相信的是这些机制、体系和功能能实现自己所期待的未来利益，这也是当事人在不理解代码语言的情况下依旧相信区块链智能合约的原因所在。有学者认为，信赖利益是因信任合同会有效成立所带来的利益。[1] 信赖利益的价值在于增进合同福祉。[2] 从这个角度来看，如果说意思自治的价值在于保障当事人的行为自由，那么信赖利益的保护就侧重于交易秩序的维护。在区块链智能合约中，交易秩序的维护有赖于区块链的自治制度以及智能合约的自动履行两个方面。

---

[1] 马新彦. 信赖与信赖利益考 [J]. 法律科学（西北政法学院学报），2000（03）：75-84.

[2] 杨志利. 信赖利益赔偿的经济分析 [J]. 广东商学院学报，2011（06）：73.

区块链共识机制对信用的创造，以及自动履行给交易的实现提供的保障，使智能合约的使用者相信自己的权利能够得到实现。从这个角度来看，智能合约的自动履行机制是极为重要甚至是不可或缺的。但过于强硬的自动履行可能有损当事人的信赖利益。从意思自治的角度来看，当事人对交易的信赖不仅包括对交易顺利履行的信赖，还包括可以在必要情况或协商一致时变更交易、退出交易的信赖。这也是法律规定合同变更、合同解除、合同撤销、合同无效等制度的原因——方便当事人在不违背公序良俗和契约精神的前提下消灭合同，避免受到合同不必要的约束。如果说智能合约的自动履行维护了当事人对合同履行的信赖，那么智能合约的强制履行则损害了当事人对合同退出的信赖。

二、促进交易的经济价值

区块链智能合约的经济价值是其众多价值中最引人关注的，被认为是足以改变经济、金融和社会系统的革命性创新。❶ 许多观点都认为智能合约的事前自动履行功能相较于法院的事后救济更具效率性。❷ 在自动售货机这一初级智能合约应用场景中，交易效率的考量也是当事人适当限缩意思自治的原因之一。交易效率的提升与交易成本的降低是区块链智能合约得以广泛应用的重要价值基础之一。

（一）交易效率分析

智能合约对交易效率的提升在合约的订立、履行和救济三个

---

❶ Dan Tapscott, Alex Tapscott. Blockchain revolution: how the technology behind bitcoin is changing money, business, and the world [M]. London: Penguin, 2016: 105.

❷ 夏庆锋. 从传统合同到智能合同: 由事后法院裁判到事前自动履行的转变 [J]. 法学家, 2020 (02): 21.

阶段都有所体现。

其一，智能合约借助去中心化的交易模式，提高了缔约效率。传统的互联网交易需要第三方平台提供交易的媒介，通过平台的信誉创造信任。但这种信任会随着平台信誉的降低而减少，进而影响交易的达成。因此，平台需要成本和措施保障其信誉，不利于对交易效率的管理创新和资金投入。而区块链智能合约交易在去中心化的基础上，借助算法机制为交易各方提供信任保障，不存在信誉降低的风险。当事人可以较为放心地使用区块链智能合约技术达成交易，极大地提高了磋商和缔约效率。

其二，智能合约的自动履行机制借助"if A then B"的程序语言，将原本需要当事人辅助实现的义务履行转化为全自动的价值移转，提高了义务履行效率。在"if A then B"的算法逻辑下，只要当事人履行 A 义务，B 义务将被自动履行。这样的程序强制性节约了义务人的履行成本，也避免了义务人对义务的不当履行或不履行，使合约的履行效率得以提升。

其三，智能合约的自动履行机制，使得违约行为难再发生。合约不再需要救济，交易的效率由此得到保障。传统合同的一大问题在于，合同订立之后，当事人可能出现违约履行或拒绝履行的情形。因此，违约救济是合同的一大重要制度设计。但在智能合约自动履行的前提下，特定行为义务将被确保履行，当事人便失去了违约的可能。交易不再需要事后的权益救济，效率由此得到提高。

智能合约交易自决策功能的实现，需要借助预言解决方案（oracles）的运行。在智能合约的履行过程中，当事人的特定行为会触发预言解决方案，从而完成智能合约的自动履行，达到简化履行，提高效率的目的。● 虽然智能合约可以根据外部条件自动完成履行决策，但这是在当事人事先确定的条件下实现的。只要符合当事人在先的一致意思表示，预言解决方案将自动选择履行与否。因此，预言解决方案机制不违背当事人的合约目的。这种强大的自决策能力是其效率优势得以发挥的关键所在。

总之，区块链的透明性与不可篡改性，在与智能合约的自动履行结合之后，为其带来显著的高效价值。然而，效率提升的代价是灵活性的缺失。为了追求交易的效率，智能合约履行过程中的更改被禁止，即使更改的意思表示是出于当事人的合意或法律的直接规定，这无疑会给当事人权益的实现带来不利影响。智能合约实现的虽是合约订立之初的当事人意思表示，但该意思存在因地因时变化的可能。当事人若想变更合意内容，只能先行终止智能合约，再对已履行的部分进行返还，最后才能履行当事人新的合意内容。因此，智能合约提高了交易的订立、履行和救济效率，却降低了交易的变更效率。

（二）交易成本分析：智能合约降低了义务的履行成本

有关智能合约的使用成本，有观点认为，智能合约能减少司法的参与，能避免机会主义带来的损失，且消除书面语言模糊性带来的解读成本。❷ 但也有学者认为，由于合同履行是高度不确定的，且协议的起草往往是避免高度精确的绝对化。因此，智能合约的使用可能比传统合同成本更高。❸ 上述两种观点都难言错谬，

● Cohn A, West T, Parker C. Smart after all: blockchain, smart contracts, parametric insurance, and smart energy grids [J]. Geo. L. Tech. Rev., 2016, 1: 273.

❷ Sklaroff J M. Smart contracts and the cost of inflexibility [J]. U. Pa. L. Rev., 2017, 166: 263.

❸ Sklaroff J M. Smart contracts and the cost of inflexibility [J]. U. Pa. L. Rev., 2017, 166: 263.

只是两者在计算智能合约的使用成本这一个问题时，分别站在了合同正常履行和合同可能需要修改两个不同角度。因此，区块链智能合约具体的使用成本需要全方位地分析。

经济价值的创造离不开大规模商业交易的发生。传统互联网交易为大规模交易提供了便利，借助第三方平台在交易者之间构建信任的纽带。但庞大的交易量也缔造了庞大的第三方平台，由此带来交易效率的减损和交易成本的提高。致力于弥补传统互联网交易的不足，区块链智能合约借助去中心化与自动履行的机制，为大规模、可信任的高效率商业交易奠定了基础。第一，通过可无限扩大的稳定链条，区块链为价值的移转提供了低成本的交易场景。第二，自动履行的交易机制使得交易可以尽可能脱离人力的辅助和干预，节约了履行成本，也避免了违约行为带来的救济成本。第三，去中心的分布式记账技术，搭建了成本较低的信任创造机制。上述优势都为智能合约的高效、低成本经济价值提供了技术上的创造性支持。

具体而言，智能合约一经确定，交易各方无须过多协助，即可期待智能合约代替当事人履行约定义务。在义务能够正常履行的情况下，区块链智能合约通过事前确定的履行和救济规则，简化了合同的履行和纠纷处理程序。在确定唯一的编码设计下，区块链智能合约消除了因约定条款理解不同而带来的条款解释成本，这也显著降低了义务的履行成本。不仅如此，储存在区块链上的智能合约不容随意修改，这使得其相较于可能遗失、篡改的书面合同确定性更强，有效降低了权利义务的确定和证明成本。除却义务按约履行的成本，智能合约也降低了义务未按约定履行的成本。传统交易中，义务未能履行的，往往需要法院作为第三方介入。但法院的审理存在期限较长，附带律师费、交通费、误工费等诸多成本劣势。即使守约方胜诉获得赔偿，案件审理的时间成本也是无法挽回的。

除却交易成本、效率的改善，智能合约已改变传统的经济组织行为和交易方式。传统互联网交易以特定企业搭建的第三方平台为架构基础。而区块链智能合约本质上是自运行的技术程序，摆脱了第三方企业的操控和主导。这使得智能合约可以通过新的管理方式来替代市场协调并降低成本。❶ 此外，智能合约促进了交易的发展。"市场只需要合约，企业就是各种长期合约搭建起来的组织体，并通过替代市场的各类短期合约的方式来节约交易费用。"❷ 智能合约作为一种"新的合约"代替了传统企业这种"特殊的合约"，实现了新的资源配置。即通过去中心的交易模式，搭建新的交易关系。

值得一提的是，有观点认为，智能合约对编码技术和区块链技术的需求意味着智能合约的订立需要更多的人力付出。如果智能合约是一次性的，只适用于特定的一次性交易的话，其无疑是成本高昂的。这也限制了智能合约的未来发展方向应该是倾向于可重复使用的场景。在一个智能合约可以反复无数次使用的情况下，智能合约的设计成本将随着使用次数的增多而不断减少，长远来看甚至可以说是某种意义上的一劳永逸。

总而言之，依托区块链的智能合约降低了交易成本、提升了交易效率，并为网络交易提供了新的方向和模式。借助点对点、扁平化的直接交易，智能合约有望实现零交易成本，这属于突破性的创新价值。

---

❶ [美] 罗纳德·H·科斯. 企业、市场与法律 [M]. 盛洪，陈郁译. 北京：格致出版社，2014：34.
❷ 张五常. 五常学经济 [M]. 北京：中信出版社，2010：16.

三、信赖利益保护的法学价值

区块链诞生于中本聪浪漫的无政府主义设想。他希望通过去中心化的技术手段解决人与人之间的信赖问题，交易的发生和记录不再依靠强大的中心机构，而依靠区块链上的每一个人。有观点认为，区块链智能合约完全解决了交易中的信赖问题。❶ 这完全是一种乌托邦式的想象，区块链智能合约虽然构建了去中心化的世界，但其运转仍需编码人员的操作以及程序人员的维护。人天然是会犯错的，这种错误既包括疏忽大意的编码错误，也包括有意为之的技术欺骗。法律作为保护权利的最后一道防线有必要在智能合约发生有意或无意的漏洞时，站出来保护可能遭受损失的权利人。虽然当事人往往读不懂复杂的程序代码，也不知道智能合约的代码能不能帮助他们实现自己的权利，但使用智能合约的人势必保有一定的技术信赖和共识机制信赖。此种信赖保护是智能合约发展过程中需要为法律所重视的。智能合约交易中，当事人信赖保护的意义有两个：一是促成智能合约交易的缔结，二是保障当事人的合法权益。

其一，智能合约交易的缔结需要当事人的财产和交易安全有所保障，在仅有的技术信赖和共识信赖的基础上，当事人对智能合约的信赖成为他们缔结交易的重要原因。为了促成并发展智能合约交易，这种信赖必须得到保护。

其二，法律对当事人信赖关系的保护，是私法发展的重要趋势。在智能合约交易中，信赖利益是当事人信任智能合约有效成立所能带来的利益。通过对当事人智能合约期待利益的保护，能

---

❶ Fairfield J A T. Smart contracts, Bitcoin bots, and consumer protection [J]. Wash. & Lee L. Rev. Online, 2014, 71: 35.

够迫使智能合约的设计者、平台提供者等强势主体诚实信用地保障智能合约的安全和完善，实际上起到一种监督和预防的作用。

虽然私法旨在保护信赖利益，但对信赖利益的侵害也极为常见。私法虽然允许意思自治，但这种自由也不能违背公平正义的基本原则。若当事人之间的约定损害了一方的人身或财产利益，即使出于自愿，也属于侵害一方信赖利益的行为。在智能合约交易中，信赖利益的保护更倾向于对智能合约缔结者这一弱势群体的保护。

较为极端的观点认为，因代码产生的交易是完美的，当事人可以完全信赖智能合约上的一切交易。然而，这实际上是在加剧信赖问题。[1] 首先，程序的编制者无法保证自己编写的代码能够完全表达当事人的意图。其次，程序的编制者完全可能因自己的主观意图修改代码以实现自己的某种私欲。最后，程序的编制存在无意识犯错的风险，加之黑客袭击的可能，对技术的绝对信赖本身是不安全且不实际的。

第二节　智能合约应当"限"：双层结构下的局限与不足

前述论证旨在说明，智能合约具有经济、法律价值，且能够带来信任创造上的变革，故应对智能合约持开放态度，不能一味禁止，但这并不意味着智能合约的应用没有风险和隐患。本节的目

---

[1] Fairfield J A T. Smart contracts, Bitcoin bots, and consumer protection [J]. Wash. & Lee L. Rev. Online, 2014, 71: 35.

的在于揭示智能合约的局限性，为智能合约的限制寻找正当性依据。具体行文将以第一章挖掘的自动履行条款和非自动履行条款的双层结构为切入点并展开。

一、自动履行条款的合法性质疑

为了消除违约可能性，提升交易效率，区块链智能合约的自动履行条款以自动履行和强制履行为核心内容。虽然在消除违约方面卓有成效，但合同履行阶段可能遇到的阻碍中，违约只是其中的一种可能。合同各方对未来预测的不能决定了合同的履行需要诸多规则予以辅助，这其中的部分规则与区块链智能合约自动强制履行的特性呈现出不匹配与不兼容。在智能合约强制机制的约束下，智能合约的当事人丧失了"中止或者终止履行的权利"。这不仅意味着合同履行中的变更权、撤销权、解除权、抗辩权等都受到一定程度的限制，也导致效力瑕疵合同的强制履行，反而不利于当事人合同目的的实现。从智能合约的应有前景看，其强制履行机制对当事人权利的限制不局限于合同交易，在未来会扩散到整个私法交易中，由此引发智能合约对意思自治这一私法基本精神的违背。

（一）变更权利的限制

根据契约不完备理论，合同具有无法弥补的天然缺陷。这是因为当事人在合同订立时，不能预见未来可能发生的所有情形。而随着交易的进行，当事人的主观意思会因诸多主观或客观因素发生改变。在传统合同法上，当事人可以通过协商对意思表示进行修正，故形成了合同变更规则。[1]

---

[1] 周润，卢迎. 智能合约对我国合同制度的影响与对策 [J]. 南方金融，2018（05）：95.

合同变更有法定变更和合意变更之分。法定变更权行使的前提要件之一是情势变更。合意变更的权利来源是《民法典》第五百四十三条："当事人在协商一致的情况下可以变更合同。"然而，这项合同基本权利在智能合约交易中存在实现障碍。在智能合约缔结之后，合同双方当事人的权利被下放给计算机程序，● 由计算机程序代替当事人完成后续的义务履行。但与此同时，由于当事人的义务履行已由计算机程序接替，理想状态下的智能合约一经缔结与发布，其后的义务履行即无可避免。总之，传统合同法上，合同的变更以当事人的主观意思自治为主，以客观的情势变更为辅，但区块链智能合约似乎给合同的变更上了枷锁。这虽然消除了合同履行的部分不确定，却未能给不可避免的不确定预留必要的空间。

"甲方应尽勤勉义务""乙方应针对可能威胁甲方利益的突发情况做出必要的限制措施"等模糊性表达，是机器难以准确执行的。智能合约僵硬化的来源有两个：其一，人类的有限理性。出于自动履行条款强制执行的需要，自动履行条款必须将事后可能出现的事件和所有合同状态，用精确的代码进行事无巨细的定义。但由于人的有限理性，未来可能出现的情况是不可能全部预测的。其二，机器的认知缺失。人类社会的传统合约往往是建立在过往知识总结、交易习惯、规则体系以及伦理道德观念之下的。自动履行条款的科技属性决定其很难对这些过往经验做出判断，必然呈现出僵硬、不适应的特点。在自动履行条款被编译成计算机代码并固定在区块链上之后，其修改变得越发困难，这使得智能合约在面对情势变更、不可抗力、重大误解、显失公平时的应变能

● 柴振国. 区块链下智能合约的合同法思考 [J]. 广东社会科学，2019 (04)：238.

力极弱，哪怕是当事人在合同履行过程中自愿变更合同也极为困难。此外，智能合约的自动执行是全面实际履行，但复杂合约交易会出现实质履行、部分履行等状况，● 这意味着智能合约的自动履行功能可能需要在现实交易中做出适当让步。

不可否认的是，现实生活中的很多合同是未能履行甚至无疾而终的。区块链智能合约的价值在于其可以通过强制性的履行消除一方甚至双方的违约可能。善意的合同当事人自然希望合同能够如约履行，但生活中不乏因意思表示错误、情势变更等引发的履约障碍。标的物灭失、当事人之间的履行分歧、疫情的发生等都可能给原本善意的当事人带来履行上的困难。合同变更的价值即体现于此。随着交易的进行，当事人之间的权利义务关系是动态发展、动态平衡的。● 为了寻求这一平衡，当事人可能做出适当的让步，法律也会对合同的变更和效力变化做出相应的约束，意思自治与法律规范一直处于你弱我强的选择之中，只是程度有所差异而已。

虽然有观点提出，通过事先在智能合约中添加变更程序或自毁程序的方式，能有效应对智能合约可能需要变更的情形。但这种通过前置计算程序，满足合同变更需求的方法，被认为违背了智能合约的设计初衷。有观点认为，可以依靠废除旧智能合约，发布新智能合约的方式解决智能合约需要面临的变更难题。

在实践中，智能合约变更的绝对禁止会导致诸多问题。例如，汽车租赁的智能合约交易中，租用汽车到期的自动锁死可能引发交通事故。对此，阿肯色州的一个法庭裁决汽车的自动锁死装置违法，要求汽车租赁商删除该程序。因为强制锁死并不是解决租

---

❶ 郭少飞 . 区块链智能合约的合同法分析 [J]. 东方法学，2019（03）：5.

❷ 罗培新 . 公司法的合同解释 [M]. 北京：北京大学出版社，2004：59 – 60.

金迟付的最优解，甚至可能带来人身和安全风险，不符合比例原则的基本要求。❶

（二）撤销权利的限制

民事法律行为的可撤销情形规定在《民法典》第一百四十七至一百五十一条。不同的学者分别认为，智能合约的不可撤销分别发生于合约成立时❷和智能合约开始履行时。❸ 传统合同的撤销指的是合同一方当事人可在法律规定的条件下撤销合同，终止权利义务关系。智能合约不可撤销的原因在于，双方就交易达成共识，一旦依据共识缔结的合约上传区块链，非经区块链半数以上同意，该智能合约无法被终止。当出现重大误解、欺诈、胁迫等情形时，智能合约的唯一选择是"先执行、后恢复"，通过事后救济的方式弥补事中救济的缺失，这势必导致救济成本的提高与权利的不当变动，有违撤销权制度设立的初衷。

区块链智能合约的自动强制执行功能，使得区块链智能合约在一定程度上解决了传统合同违约频发的问题，提高了效率，保护了隐私。❶ 但与此同时，智能合约也在一定程度上排除了合同订立之后当事人之间的合意可能与空间，给意思表示错误和重大误解的适用带来了限制。

（三）解除权利的限制

根据《民法典》第五百六十二条和第五百六十三条的规定，解除权是当事人在法定条件下，依据自身意思终结合同的重要方

❶ In re Hampton，319 B. R. 163，175（Bankr. E. D. Ark. 2005）.
❷ 柴振国. 区块链下智能合约的合同法思考［J］. 广东社会科学，2019（04）：238.
❸ 郭少飞. 区块链智能合约的合同法分析［J］. 东方法学，2019（03）：5.
❶ 柴振国. 区块链下智能合约的合同法思考［J］. 广东社会科学，2019（04）：238.

式。但智能合约的设计使得合约一经发布在区块链上即无法解除。❶ 区块链智能合约的强制履行功能不仅给合同变更带来障碍，还限制了合同解除权利的行使。以淘宝购物为例，买方在购买商品的合理期限内，款项被划拨到权威第三方（淘宝）账户，此时交易并未完成，买方申请退款产生的是合同解除的法律效果。但在智能合约交易中，权威第三方的缺失意味着商品和价款的交付基本是同时进行的。由于合同已经履行完毕，买方如申请退款，其请求权基础是不当得利引发的原物返还。虽然合同解除与不当得利产生相同的法律效果（原物返还），但以事后返还为主的不当得利相较于事中返还的合同解除，往往会带来更高的返还成本和救济难度。

在实际交易中，一方当事人的迟延履行或拒绝履行使得合同确有解除必要时，目前大致有三种解决方案：一是从技术层面为区块链智能合约引入"超级用户"，实现区块链智能合约数据的修改，从而使应当撤销、解除的智能合约终止。二是通过诉讼的方式，由法院裁定解除合同，并要求不当得利的一方返还财产。❷ 三是以自毁的方式消灭智能合约，❸ 但自毁本身是否构成智能合约的解除目前尚有争议。由于合同解除的目的在于使当事人脱离没有履行可能或履行必要的合同的约束，因此，合同解除的法律效果是合同关系的消灭。

在智能合约中，合同的解除可能出现在继续性合同中也可能出现在非继续性合同中。非继续性合同中的合同解除由于并未执

❶ Werbach K, Cornell N. Contracts ex machina [J]. Duke LJ, 2017 (67)：313.

❷ Savelyev A. Contract law 2. 0：'Smart' contracts as the beginning of the end of classic contract law [J]. Information & communications technology law, 2017, 26 (2)：116 –134.

❸ 柴振国. 区块链下智能合约的合同法思考 [J]. 广东社会科学, 2019 (04)：238.

行"if A then B"的履行规则，故智能合约的自毁并不存在权利义务关系的归位，实际上具有解除合同，消灭法律关系的功能。在继续性合同中，若智能合约已经自动履行了部分义务，智能合约的自毁虽不能实现权利义务的归位，但此时已经履行的部分也没有必要返还。智能合约向后的合同效力终结依然起到了消灭法律关系的合同解除效果。因此，智能合约的解除虽然与传统交易存在区别，具有一定的破坏性，但这种破坏性恰恰是合同解除制度所需要的。

（四）抗辩权利的限制

智能合约生效和履行的混同还会压缩履行抗辩制度的适用空间。我国《民法典》明确规定了三类抗辩权，即双务合同中的先履行抗辩权、同时履行抗辩权，以及不安抗辩权。抗辩权的价值在于，避免当事人在对方义务未履行、不完全履行、不恰当履行等情况下，履行自身义务从而受到损失。由于智能合约中的义务履行是强制且确定的，故有观点认为，智能合约限制了抗辩权的适用空间。但这种限制是十分有限的。

1. 智能合约对先履行抗辩权与同时履行抗辩权的维护

我国的先履行抗辩权规定在《民法典》第五百二十六条，即义务的后履行方，若遇到先履行方的不履约或瑕疵履行时，可以拒绝其义务履行。智能合约"if A then B"的逻辑规则决定了只要有先后履行顺序存在，智能合约将严格遵守义务履行顺序的约定。从这个角度来看，智能合约反而是先履行抗辩权的绝对遵守者。

同时履行抗辩权是当事人在双方的义务履行没有先后之分时，拒绝先履行的权利。有观点认为，在智能合约的技术设计下，依托区块链智能合约的交易不再满足"一手交钱，一手交货"的交

易模式，这导致同时履行抗辩权因实际应用场景的消失而消灭。❶
这是对同时履行抗辩权和智能合约的误解。同时履行抗辩权的制
度设计旨在避免在双务合同中，出现一方当事人履行不能时，另
一方的义务履行无法获得相应回报的情况。在区块链智能合约的
技术设计下，只有一方当事人实际履行了义务，才会有对手方的
实际履行。因此，智能合约交易中不会出现一方当事人履行不能
时，对另一方当事人的强制履行。从这个意义上来说，区块链智
能合约通过技术手段维护了同时履行抗辩权，而非限制或消灭了
同时履行抗辩权。

2. 智能合约对不安抗辩权的限制

不安抗辩权被规定在《民法典》第五百二十七条，旨在赋予
当事人在对方存在对待给付之虞时，中止自己履行的权利。由于
不安抗辩权的中止履行无须向法院提出，属于当事人可自力行使
的权利，故出于避免权利滥用之目的，不安抗辩权的权利人应履
行通知和证明对方确实难以履行债务的义务，否则不安抗辩权人
需承担违约责任。在债务人恢复债务履行能力之后，不安抗辩权
消灭。不安抗辩权的适用包括履行中止、履行恢复的法律效果，
这与理想状态下区块链智能合约自动强制履行的功能相违背。不
仅如此，不安抗辩权的行使需对履行能力的丧失做事实和价值判
断。在区块链智能合约没有复杂状况判断能力的情况下，区块链
智能合约履行过程中不安抗辩权的行使仍需第三方在价值判断后
实施"中止"操作，这明显有违区块链智能合约的"智能"特性。
若坚持智能合约的强制履行功能，当事人的不安抗辩权将形同

---

❶ 李旭东，马淞元．《民法典》合同编视域下的区块链智能合约研究 [J]．上海师
范大学学报（哲学社会科学版），2020（05）：63．

虚设。

(五) 意思自治的限制

《民法典》第五条是有关民事主体意思自治权利的直接规定。有观点认为，区块链智能合约既限制了当事人订立合同的方式，也限制了当事人的平台选择，还限制了当事人的意思表示方式。[1]区块链智能合约在合同中的应用使合同具有了难以篡改和自动强制履行的特点。这两个特点常被作为区块链智能合约的优点而被广泛称赞。难以篡改保证了合同交易的安全，自动强制履行消除了违约的风险。然而，难以篡改的边界在哪？区块链智能合约对合同篡改的绝对禁止是否会限制当事人合同订立后变更合同的自由？自动强制履行是绝对强制还是相对强制？自动执行是否会在情势变更或当事人协商变更合同权利义务关系之后，违背当事人新的意志？

智能合约生效与履行的一致性决定了当事人缔约时的意思表示自订约之时起即被固定在智能合约上，不可更改。意思自治在智能合约中只存在于缔约阶段，履行过程中的智能合约不仅排除合同外第三人意志的介入，也排除当事人意思的干预。可以说，智能合约对义务履行的确定和保障是以损害当事人意思自治为代价的。在合同订立后意思自治受限的情况下，人的有限理性和交易本身的不确定性，使得智能合约的自动履行难以应对交易变化的复杂性，唯一的方法是在智能合约缔结之前在智能合约中预设所有可能。[2]然而，这本身就不切实际且成本巨大。在法院尚需根

---

[1] 李旭东，马淞元.《民法典》合同编视域下的区块链智能合约研究 [J]. 上海师范大学学报 (哲学社会科学版)，2020 (05)：61.

[2] Hart O, Moore J. Foundations of incomplete contracts [J]. The Review of Economic Studies, 1999, 66 (1)：115–138.

据具体案件情形进行合理裁判的情况下，智能合约对未知情形的预知和判断多少有些科幻的色彩。

智能合约的基础版自动售货机具有难以篡改和自动强制履行的特点。只要投币进行选择，自动售货机就会吐出对应的商品。由于自动售货机是最简单的买卖合同，义务履行只需短短的几秒钟。因此，较少出现合同履行上的争议。但在融资租赁等继续性合同以及各种无名合同、联立合同中，义务履行是复杂且长期的。智能合约的自动强制履行功能使得当事人只能选择事后救济的合同修正方式，限制了当事人在合同履行过程中变更、解除、撤销等诸多权利，即限制了当事人合同履行过程中的意思自治。被认为是私法自治重要权利之一的意思自治被排除在区块链智能合约程序之外，这无疑对区块链智能合约的私法运用提出根本性质疑。在回答这一问题之前，有必要对意思自治的价值和立法目的正本清源。

意思自治与私权神圣是传统私法的核心价值。但这并非意味着其可以凌驾于一切原则之上。诚实信用、公序良俗等新型民法原则可以在必要的情况下限制当事人的意思自治，从而实现私法体系内部权利制衡的理想状态。❶ 然而，私法自治不是没有边界的。❷ 在任何国家的法律体系中，都没有不受限制的私法自治和契约自由——真正的自由是建立在规则基础上的自由。❸ 因此，智能合约对意思自治和契约自由的追求必然得到交易效率和契约正义的平衡。

---

❶ 蔡一博. 智能合约与私法体系契合问题研究 [J]. 东方法学，2019 (02)：69.
❷ 吴烨. 论智能合约的私法构造 [J]. 法学家，2020 (02)：6.
❸ [德] 马克斯·韦伯. 经济与社会 (第二卷) [M]. 阎克文译. 上海：上海人民出版社，2010：808 – 812.

在自动售货机的例子里，较为合理的解释是：买受人并未放弃合同变更的权利，只是出于拨打厂商电话更换商品的成本考虑，将错就错罢了。自动售货机这一智能合约的基础应用能得到广泛使用，是因为人们愿意"事后放弃"合同变更权利以换取交易上的便利。问题在于此项权利能否"事先承诺放弃"？答案是否定的。合同变更权出于保护当事人之权利义务平等与意思自治而设，若允许当事人事先放弃合同变更权，极易导致当事人权利义务的不对等，以及交易目的的无法实现。❶ 因此，自动履行条款的强制履行功能是对当事人利益和意思自治权利的侵害，意思自治的事先放弃也不具有效益权衡的正当性价值基础。

为解决上述问题，对区块链智能合约的应用场景进行划分和限制是十分必要的。有学者就认为智能合约有强弱之分，强智能合约不可撤销、更改，而弱智能合约容许必要的修改。❷ 具体而言，货币支付清算与金融衍生品交割等类型的交易应当属于强智能合约，一经订立就不可撤销或修改。对于弱智能合约，应出于合同当事人意思自治的保护，允许合同履行阶段的适当变更。

（六）自动履行条款的其他局限性

智能合约给使用者带来的诸多限制，本质是对当事人意思自治下民事关系变动权利的限制。以此为前提，需要认识到，区块链智能合约并非解决一切履行问题的"万能钥匙"。不仅如此，即使在有限的应用场景中，智能合约仍然存在合法性的诸多质疑。

首先，合同强制履行给合同的履行带来了灵活性不足的问题。

---

❶ 张素华，宁园. 论情势变更原则中的再交涉权利 [J]. 清华法学，2019，13 (03)：144 - 157.

❷ 翟远见.《合同法》第45条（附条件合同）评注 [J]. 法学家，2018 (05)：172.

人类无法用绝对精确的语言定义所有事物，并预知其未来发展，因此，模糊性的语言给了法律应对不确定性的能力。❶ 自然语言的低效和未来预知的不能使得合同的灵活性成为必然选择。智能合约灵活性的缺失主要体现在合约设立和执行两个方面。❷ 比如，在融资租赁合同中，智能合约预先设定的"如果承租人按期缴纳租金满十期，就将融资租赁物移转承租人所有"的程序，会因出租人的瑕疵履行出现履行困难。比如，在融资租赁合同履行完毕前，承租人发现租赁物存在质量问题，经过与出租人协商，双方决定减少租金以弥补承租人的损失。此时，智能合约无法通过简单的修改以适应合同的变更，而只能按照预设的程序执行。

区块链智能合约灵活性的缺失不仅体现在合同的履行上，还体现在权利义务关系的平衡上。比如，在代理法律关系中，即使代理人未完全按照合同约定行使代理权，但只要其尽到勤勉义务，符合诚实信用的要求，未给被代理人带来损失，也可以认为代理人已经完成了代理职责，有获得代理报酬的权利。但这种勤勉义务、诚实信用的判断是智能合约所无法完成的。在智能合约被编译成计算机代码并固定在区块链上之后，其修改变得越发困难，这使得区块链智能合约在面对情势变更、不可抗力、重大误解、显失公平时的应变能力极弱。情势变更原则旨在维护私法上的诚实信用原则，然而，智能合约的确定性使得交易在一定程度上失去了弹性空间。❸

其次，智能合约改变了权利的救济规则。传统合同法中，为

---

❶ 王瀚，杨辉旭. 智能合约的私法挑战与应对思考［J］. 云南社会科学，2019（04）：130.

❷ Sklaroff J M. Smart contracts and the cost of inflexibility［J］. U. Pa. L. Rev.，2017，166：263.

❸ 赵磊，孙琦. 私法体系视角下的智能合约［J］. 经贸法律评论，2019（03）：24.

了避免义务不履行给当事人带来损失,权利救济规则专注于如何使当事人之间的权利义务关系与合同正确履行时等价。但在智能合约中,权利救济规则着眼于某项义务有正当理由不履行时,各方当事人的权利义务关系如何回归特定义务履行之前。从"等价"变为"恢复原状",反映的是传统合同与智能合约的不同价值取向,但也使智能合约的权利救济成本更加高昂。

最后,智能合约提高了合约的救济成本。智能合约作为事前的规范工具,仍需受到法院审判等事后救济措施的约束。比如,买受人利用出卖人对智能合约的不了解降低售价从中获利时,出卖人无法及时终止合同履行,只能在事后寻求法院救济,这在无形中增加了合约的救济成本。

在区块链智能合约的实际应用中,2016 年的 DAO 事件已经展现出智能合约事后救济成本极高的问题。2016 年,一群开发者利用 DAO 进行投资基金的自治管理。❶ 一开始,DAO 被誉为"经济合作的新范式⋯⋯商业的数字民主化"❷,在该机构正式运行数周后,一名黑客利用代码漏洞窃取了价值 3000 万美元的虚拟货币。❸由于区块链上的数据修改需要超过半数使用者的同意,DAO 的管理者只能说服多数节点使用硬分叉(hard fork)分割区块链,从而起到终止智能合约自动履行的作用。DAO 的实例显示出智能合约的履行一旦出现漏洞或不符合当事人的合意,目前较为有效的手段只能是破坏区块链这一基础平台,这无疑会给区块链智能合约

❶ Hassan S, De Filippi P. Decentralized autonomous organization [J]. Internet Policy Review, 2021, 10 (2): 1-10.

❷ Bannon S. The tao of "the DAO" or: How the autonomous corporation is already here [J]. Tech Crunch, 2016 (4): 45.

❸ Hassan S, De Filippi P. Decentralized autonomous organization [J]. Internet Policy Review, 2021, 10 (2): 1-10.

的后续恢复带来极大的困难，也使得当事人权利义务关系的回溯成本高昂。不仅如此，DAO 事件的处理完成了一件本不可能完成的事——借助人工改变智能合约的履行结果。❶ 这意味着区块链上的交易并非绝对去中心、绝对不可篡改的。❷ 在这之后，史上最大的众筹项目 DAO 解散。

若想避免事后救济成本的产生，智能合约履行过程中遇到的一切可能就都需要在区块链上通过代码进行事无巨细的定义。❸ 但人类天生是无法预测将来的一切可能的，这是由人类的有限理性所决定的。即便是能够预见的内容，在时间成本与智能合约使用成本的双重约束下，智能合约也无法做到钜细靡遗的定义。这其中最为典型的就是不可抗力引起的合同解除，若在智能合约中添加不可抗力的合同解除条款。首先，当特定事件发生时，智能合约需要判断其是否属于不可抗力。其次，智能合约还需要判断该不可抗力是否足以导致合同目的不能实现。这其实是在用事前的程序设计挑战事后法院裁判的地位与功能。面对不可抗力的复杂性，法院在事后掌握全部案件信息的情况下才能做出合理裁判，寄希望于智能合约在事前就能预测不可抗力的一切可能性，未免有点强人所难。正是这种预测不能，使得智能合约在尽可能完善自身自动强制履行功能的同时，为了合同履行的确定性（刚性），进一步牺牲了约定的完备性（适应性）。❹

---

❶ Yermack D. Corporate governance and blockchains [J]. Review of finance, 2017, 21 (1): 7–31.

❷ 凯文·沃巴赫，林少伟. 信任，但需要验证：论区块链为何需要法律 [J]. 东方法学，2018 (04)：83–115.

❸ Sklaroff J M. Smart contracts and the cost of inflexibility [J]. U. Pa. L. Rev., 2017, 166: 263.

❹ Tirole J. Incomplete contracts: Where do we stand? [J]. Econometrica, 1999, 67 (4): 741–781.

相比于智能合约，传统合同在不确定的履行过程中，大量依靠先合同义务、附随义务、后合同义务，以及交易习惯、事后协商等，保障当事人合同目的能圆满实现。这种灵活性是合同法依据交易实践所产生的尽可能精确的交易规则。在规则不可能细致到交易的每个细节的情况下，法律已经达到文字和定义的极限。智能合约的程序语言要想超越法律语言，必然要在缔结合约前投入更多成本。智能合约在交易的履行成本上相较于传统合同更具优势，但在交易的变更和救济上需要投入的则更多。为了更好地使用智能合约，应该尽可能发挥其履行成本低的优势，并降低其变更和救济成本。比如，在买卖、借贷、赠与、租赁等合同变更可能性较小、交易缔结较为简便、义务履行容易简化的交易中使用智能合约；而在复杂交易以及长期交易中，尽可能避免智能合约的大规模使用。

二、非自动履行条款引发的权利侵害风险

非自动履行条款是排除自动履行条款后广义智能合约剩下的其他条款。由于非自动履行条款包括当事人的权利义务约定，以及对区块链智能合约去中心化技术的许可使用。这意味着区块链智能合约中必然积攒大量游离于中央监督机构的权力等待分配。这样的设计本是出于社会自治与交易效率的考量，但缺少中介机构也意味着没有立即解决争端的权威。在缺少具体的披露规则和监管措施的情况下，一些机构或个人甚至可以有意隐瞒部分交易信息，利用区块链智能合约看似透明的特点，实现内幕交易或操纵市场的目的。[1] 不仅如此，对区块链智能合约技术的许可使用，

---

[1] ESaM A. The distributed ledger technology applied to securities markets [J]. European Securities and Markets Authority, 2017 (6): 76.

使得区块链智能合约有演变为新型监视工具的可能性。● 保险公司通过从数据公司手中购买区块链智能合约，并将其强制性地加入保险合同中，在物联网技术的辅助下即可实现远程的汽车限速以避免交通事故的发生。在健康险中，保险公司可以通过区块链智能合约强制控制冰箱门的开关以限制保险者的饮食。此外，由于区块链智能合约完全由代码编写，除了编写者以及专业的程序人员，无论是合同双方还是法官对智能合约的理解都有赖于程序人员的解释，这使得区块链智能合约解释的权利不再完全属于缔约人以及法院。● 这一系列问题都会因技术狂热者对智能合约的吹捧而成为现实。

（一）非自动履行条款的去中心化隐患

作为散播信任的技术幽灵的区块链●，使得智能合约能够依托区块链技术创建的可信环境，在缺少第三方权威机构的情形下为智能合约的使用者提供互信机制。易言之，区块链技术取代了第三方机构的担保，为智能合约提供"信任担保"。区块链相较于第三方权威机构，提供的"不信之信"（Truthless Trust）要更为充足。● 但是，区块链智能合约的去中心化远没有看上去那么完美无瑕。

首先，绝对的去中心化有变相改变交易规则之嫌。在票据连

● Brownsword R. Regulatory fitness: Fintech, funny money, and smart contracts [J]. European Business Organization Law Review, 2019, 20（1）: 5 - 27.

● 周润. 区块链智能合约的法律问题研究 [J]. 齐齐哈尔大学学报（哲学社会科学版）, 2018（04）: 76.

● 陈吉栋. 散播信任的技术幽灵——区块链法律研究述评 [J]. 探索与争鸣, 2019（12）: 86.

● Becker K. Blockchain matters—lex cryptographia and the displacement of legal symbolics and imaginaries [J]. Law and Critique, 2022（1）: 1 - 18.

续背书中，最后持票人在明知前手背书人资金短缺的情形下接受背书的原因在于，其可以依据《票据法》第六十八条的规定实现跳跃追索，但智能合约票据背书是依次分别完成的，除前手背书人之外，最后持票人不与其他背书人缔结新的智能合约。在缺少权威中心管理的情况下，最后持票人只能依次向前手背书人进行追索。为了适应区块链智能合约票据交易的这一特点，《上海票据交易所票据登记托管清算结算业务规则》于第四十六条规定了"依据追偿顺序扣划被追偿人资金账户款项"的追索规则，这明显不利于持票人权利的实现，也改变了《票据法》规定的持票人追索权的行使规则。可以说，完全去中心化是不适应复杂交易的。

其次，智能合约的去中心化会带来责任承担方面的问题。虽然去中心化的智能合约为交易提供了必需的交易信赖，但这也意味着，一旦出现权属争议或者权利救济问题，权威第三方的裁判机制就不复存在。由智能合约引发的违约或侵权的权利救济由此变得十分困难。

最后，由于智能合约的大规模使用需要借助区块链技术来实现，这使得智能合约的使用者面临第三人利用区块链漏洞侵权的风险，且这种风险在去中心化的交易模式下难以被及时发现和防范。具体而言，这种侵权风险来源于不诚信矿工在挖到新区时隐瞒奖励的"女巫攻击"以及隔离验证节点的"日食攻击"，这两种手段都能在算力未达到 51% 时改变区块链的工作结果。不仅如此，仅利用智能合约技术漏洞的"诱骗障眼法"也能在义务未履行的情况下，伪装交易达成。智能合约使用者此时若点击"确认"会导致资产的交付，而自身却无法获得对应利益，由此给使用者带来损失。

既然区块链智能合约具有难以避免的使用风险，监管便成为解决风险问题的必要选择。在实际的操作过程中，区块链网络平台的提供者与使用者签订的是某种意义上的服务合同，❶ 亦即平台提供者不直接参与智能合约的缔结和编程，只是提供必要的区块链使用技术和使用平台。这引发区块链网络平台提供者是否具有审查和监管义务的争论。在平台监管最为便利的情况下，不加审查的智能合约可能被用来进行违法犯罪活动，具有合法合规风险。若对智能合约施加第三方的必要监管又有违其去中心化的设计初衷和优势。但交易的"安全""合法"是交易的首要原则，在交易合法性和安全性都无法满足的前提下，空谈交易效率和技术初衷是过于理想化且不切实际的。因此，未来区块链智能合约的使用必然不是绝对地去中心化，而是尝试建立保留监管的"弱中心化"交易平台。

（二）去中心结构下的匿名风险

为了更好地实现智能合约交易的去中心化，匿名被认为是智能合约的必然选择。在给交易当事人带来更好的隐私保护的同时，智能合约的匿名特点也存在较多问题。

1. 匿名要求与缔约主体适格之间的矛盾

合同的成立和生效要求当事人具有与交易内容相匹配的行为能力。然而，智能合约具有匿名性，准确地说是假名性。❷ 智能合约交易以当事人注册的代号作为私钥，并借助公钥发起交易。此处的私钥即当事人的身份象征，亦即假名。由于私钥本身不包含任何个人信息，其背后隐藏的人是否具有与交易相匹配的行为能

❶ 赵志华. 区块链技术驱动下智能合约犯罪研究［J］. 中国刑事法杂志，2019（04）：92.
❷ 贺海武，延安等. 基于区块链的智能合约技术与应用综述［J］. 计算机研究与发展，2018（11）：53.

力往往不得而知。由此引发主体不适格的合约效力问题，不得不查。

此种匿名交易与互联网的匿名交易有相似之处，却不完全相同。在互联网交易中，无民事行为能力人和限制民事行为能力人也可能借由他人账号进行交易。但互联网交易中的账号信息往往是经过实名认证的，其行为能力在交易平台上首先就进行过筛选，不会出现主体不适格问题。即使有人冒用他人账号，也仅在冒用人与被冒用人之间形成冒用的利益返还关系，不对出卖人的既得利益产生影响。但在智能合约匿名的设计下，用户本身的信息是不予认证、不加筛选的。这意味着区块链平台上的交易主体不一定具备适格的民事行为能力。若要在此前提下保证智能合约交易的有效性，其主体生效要件或得重构。然而，这种重构也意味着智能合约交易不需要当事人具备一定的民事行为能力。这明显不符合公平正义的法律价值观，由此产生的欺诈和欺骗性交易也会与日俱增。总而言之，智能合约的匿名性导致交易对手方的民事行为能力难以判断。对于民事行为能力不适格的交易，其法律效力处于不确定的不稳定状态。

具体而言，在许可区块链上，当事人的身份会在交易之前得到确认，主体的行为能力具有判断的依据，能够确保当事人具有相应的行为能力。但在公链上，用户的身份信息通过公匙地址表征，属于绝对的匿名信息。这样做的目的是在实现交易信息透明的同时，保护用户的隐私，但匿名化的主体身份使得其行为能力无从判断。若是无民事行为能力人盗用监护人的身份签订超出履行能力范围的智能合约，系统恐难识别。[1] 法律虽不限制无行为能

---

[1] 周润，卢迎. 智能合约对我国合同制度的影响与对策［J］. 南方金融，2018 （05）：95.

力人拥有私钥或比特币。但在私钥表征个人的情况下，❶ 无民事行为能力人的交易效力无从判断，给交易带来潜在风险。依据传统民事理论，无民事行为能力人实施的与自己能力不符的民事交易有待法定代理人的同意与追认，这不利于智能合约交易效率优势的发挥。因此，随着技术的发展，未来智能合约在重大交易时，应确保对人、组织和机器人进行自动身份识别与认证，❷ 这将有效缓解主体确认及能力识别难题。

2. 匿名带来的追责难题

2016 年 7 月，被誉为"经济合作的新范式、商业的数字民主化"❸ 的去中心自治组织，被黑客利用代码漏洞窃取了价值 5000 万美元的虚拟货币。❹ 2017 年，通过利用智能合约的代码漏洞，又一名黑客在以太坊平台窃取了价值 3000 万美元的虚拟货币。❺ 在智能合约不予记录当事人信息的情况下，注册账户实施黑客侵入变得更加难以察觉。在以太坊平台中，任何人只要下载和运行编码即可成为网络参与者，而不需要任何身份证明或授权，❻ 这无疑给黑客身份的识别和追责带来了困难。

为了应对这一问题，区块链平台开始逐步使用"授权备案"

❶ Werbach K, Cornell N. Contracts ex machina [J]. Duke LJ, 2017 (67): 313.

❷ Traoré M K. Unifying Digital Twin Framework: Simulation – Based Proof – of – Concept [J]. IFAC – PapersOnLine, 2021, 54 (1): 886 – 893.

❸ 凯文·沃巴赫，林少伟. 信任，但需要验证：论区块链为何需要法律 [J]. 东方法学, 2018 (04): 83 – 115.

❹ Kaal W A. Decentralized corporate governance via blockchain technology [J]. Annals of Corporate Governance, 2020, 5 (2): 101 – 147.

❺ Qureshi H. A hacker stole $31 M of Ether—how it happened, and what it means for Ethereum [J]. Freecodecamp. org, 2017, 20: 126.

❻ McKinney S A, Landy R, Wilka R. Smart contracts, blockchain, and the next frontier of transactional law [J]. Wash. JL Tech. & Arts, 2017, 13: 313.

的交易模式。● 即所有区块链智能合约交易的参与者都需要进行身份备案,此种备案由平台负责管理。● 此时,因匿名产生的追责问题将迎刃而解。但授权备案的交易模式实际上依然为区块链添加了中心,要求平台进行必要的数据管理并提供技术支持。这必然降低智能合约崇尚的高效率、低成本价值。● 不仅如此,由于第三方平台的介入,被收集的个人信息与隐私将重新面临被泄露的风险。智能合约提倡的数据与隐私保护也不复存在。● 因此,"授权备案"模式虽然解决了智能合约匿名的诸多问题,但本质上与传统的互联网交易别无二致,并不具有其独特于传统交易的先进价值。

为了在安全与效率之间寻得平衡,智能合约应允许最低限度的信息收集,并在当事人交易信用良好时,不另行增加个人信息录入。只有出现交易异常或违规操作时,才要求其提供更多个人信息。对于因智能合约导致的追责难题,应适用过错责任原则。若因当事人缔约过失导致损失,则由缔约过失人承担过错责任。若因合同履行不符合约定导致损失,则由违约人承担损失。若因代码或区块链平台故障导致损失,则由编码人员或平台承担赔偿责任。

(三) 对去中心的不信任

区块链智能合约的价值在于当事人可以在不了解交易对手方

● Cieplak J, Leefatt S. Smart contracts: A smart way to automate performance [J]. Geo. L. Tech. Rev. , 2016, 1: 417.

● Digital Asset. The digital asset platform. Non – technical white paper [J]. Digital Asset, 2016 (10): 64.

● Zuo Y. Making smart manufacturing smarter – a survey on blockchain technology in Industry 4. 0 [J]. Enterprise Information Systems, 2021, 15 (10): 1323 – 1353.

● 陈阳. 新兴隐私权纠纷的司法救济与权衡 [J]. 河南大学学报 (社会科学版), 2017 (04): 15.

的情况下对其义务履行保有信心。但信任本身是不确定和脆弱的。❶ 区块链智能合约的去中心化指的是组织结构上的去中心化，但其在逻辑上还是中心化的，因为区块链的账本副本虽有多个，但分类账本质上只有一个。

若区块链智能合约完全改变传统的信任模式，以信任计算机代码的方式取代信任人、公司和政府，只会适得其反，引发不信任危机。❷ 区块链智能合约一旦成为履行的唯一担保，在去中心化的结构下，其局限性和风险性也会暴露无遗。唯一可行的办法是寻找另一种信任机制与区块链智能合约相互配合，这种机制就是法律。

本质上而言，区块链与法律都是信任机制。❸ 由于区块链能够在陌生人之间提供交易安全保障，《经济学人》将其评价为"一台创造信任的机器"。区块链作为一种分布式系统的协同机制，其作用之一就是创造低成本的信任环境。除传统的熟人社会，现代交易对信任的需求都是通过可信第三人提供的，如商场、电商平台、证券公司等。人类社会目前已经从"身份社会"进化至"契约社会"，但人性天然的弱点使得所谓的"契约"往往并不可靠。可信第三方通过信任聚集大量的财富和信用价值，这使得谁来监管可信第三方成为过去几十年各个领域一直无法回避的问题。区块链智能合约借助"不可更改"的特点实现了信息的可信，甲方完全可以相信区块链上乙方的资产、信用等信息，并可以相信智能合

---

❶ 凯文·沃巴赫，林少伟. 信任，但需要验证：论区块链为何需要法律 [J]. 东方法学，2018（04）：83–115.

❷ 凯文·沃巴赫，林少伟. 信任，但需要验证：论区块链为何需要法律 [J]. 东方法学，2018（04）：83–115.

❸ 唐文剑，吕雯. 区块链将如何重新定义世界 [M]. 北京：机械工业出版社，2016：33.

约会按照约定自动履行合约。在区块链记录了乙方的一切历史交易信息的前提下，历史越长，造假的可能和成本就越低。这种信任创造功能是前所未有的。出于对区块链智能合约自动执行功能的信任，区块链智能合约的使用者好像放弃了对合同进行变更的权利。但这种放弃并不总是合适的，会给交易安全带来风险，也会在某些情形下影响交易效率，进而侵害当事人的合法权益。

1. 区块链智能合约创造的信任不是万能的

合约的缔结和履行，本质上是一种合作。一旦涉及合作，必然存在"囚徒困境"。在个人利益与全体利益面前，出于对其他人的不信任，个人利益往往成为优先的选择。囚徒困境的解决办法一般有三种：订立具有强制力的契约、重复博弈和交易。在传统合同法上，契约的强制力由国家公权力保障，违约者需要考虑违约金等违约后果。通过国家机器对合约效力的背书，当事人之间的合约具有法律的约束力。但国家机器不是万能的，不能预测交易会发生的一切可能，也无法替当事人作出决定和选择。因此，当事人可以在情势变更、违约或协商一致时变更合同，以适应交易新的发展。区块链智能合约的强制履行和不可更改虽然消除了当事人之间的不信任，使他们不必信任对方或可信第三方机构，而只需要相信区块链智能合约这一共识机器。但严格意义上来说，区块链智能合约并未消除信任，只是将信任的对象转移。就如国家公权力也不能预测未来一样，区块链智能合约不可能应对现实生活中的一切可能。那么这种信任就有着天然风险。一旦区块链智能合约出现系统漏洞，或编码错误，或被黑客袭击，加之去中心监管的缺位，继续信任区块链智能合约的强制履行，认可其强制履行的法律效果，无疑会给当事人带来财产及信任上的损失。

2. 人为操作的必然使得去中心不仅困难而且危险

智能合约虽以自动履行为重要功能，但其运行无法脱离人为操作的干预。而连接现实世界与区块链信息世界的实体就是"预言机"（oracles）。"预言机"的作用是验证链下行为的真伪，并签发私钥。❶ 只有借助预言机，智能合约才能实现与现实世界的交互，并根据输入的信息执行约定。但预言机本质上是一种中心操作系统，这与区块链去中心化的设计是不相符的。虽然研究人员反复尝试赋予预言机共识机制，以实现其去中心的自运行，但这一操作要求预言机能自主处理庞大的外部世界信息，并做出决策。这种设计要求的信息处理能力过于庞大，导致成本高昂且难以实现。因此，去中心化的预言机目前尚未被设计出来。

　　由于预言机的去中心目前还不太可能，这使得区块链的自动处理机制仅停留在链上阶段。但链上的交易执行是与链下世界息息相关的，受到操作者输入数据的影响，这使得去中心的智能合约交易无法摆脱人为因素的影响。由于人为操作的不确定性，票据、证券、专利等资产，在智能合约交易中就只是被反映到链上的数据信息罢了。在链上世界与链下世界的"最后一公里"中，相关部门仍需保持介入的可能性。这是对智能合约人为操作部分的不信任，而非对机器算法的不信任。

---

❶　Mik E. Smart contracts: terminology, technical limitations and real world complexity [J]. Law, Innovation and Technology, 2017, 9 (2): 269 - 300.

第三章

自动履行条款的必要限制

　　事后救济在权利的保护中扮演着重要的角色，但在法制健全的道路上，人们逐渐意识到事后救济是一个高成本的选择。因此，区块链智能合约的自动履行条款期望用事中的强制履行代替事后的权利救济。继而有观点认为，法院的事后裁判只是给违约方施加了继续履行义务的约束，没有为合同履行提供可靠的结果。❶ 相对于法律的笨拙和程序的复杂，智能合约的支持者认为其能高效地实现当事人的承诺。这种观点忽视了一个重要的问题：法律的复杂源于合同、权利义务关系和当事人意思的复杂。合同订立必须得到履行是理想状态下的设想，这当然与理想状态下的智能合约十分契合，但合同在很多时候是在非理想状态下履行。由于编码需要绝对的精确性，智能合约不可避免地在部分履行、不完全履行、情势变更中呈现出呆板和灵活性不足的特

---

❶ 夏庆锋. 从传统合同到智能合同：由事后法院裁判到事前自动
履行的转变 [J]. 法学家, 2020 (02)：22.

点，甚至有违意思自治的基本原则。因此，智能合约的自动履行条款应受到必要的限制。

对自动履行条款限制进行必要性分析是本章需要首先解决的问题。在此基础上，根据自动履行条款的强制力大小，智能合约有"强智能合约"与"弱智能合约"之分。强智能合约一经订立，条款内容便无法撤销或修改，弱智能合约则不然，在合同订立及履行阶段都可进行一定程度的修改。❶ 依据此种分类对智能合约的应用场域进行范围划分和限制能够为自动履行条款的具体限制方法提供导向。对智能合约进行规则限制和技术限制能更具针对性地解决自动履行条款对当事人意思自治的限制问题。

第一节 自动履行条款的基本限制：从必要性到类型化

智能合约的自动履行条款，给当事人的私法权利和意思自治带来诸多限制，但考虑到其存在信任创造、交易效率、信赖保护等价值，最为恰当的自动履行条款的规制路径应是限制，而非禁止。

一、自动履行条款限制的必要性分析

合同交易是智能合约的重要应用场域之一。依据合同法的基本理论，合同的正确履行被认为是合同的使命与价值。❷ 但不可否

❶ Raskin M. The law and legality of smart contracts [J]. Geo. L. Tech. Rev., 2016, 1: 305.
❷ 叶昌富. 论强制实际履行合同中的价值判断与选择 [J]. 现代法学, 2005 (02): 152.

认的是，现实生活中的很多合同是未能履行甚至无疾而终的。善意的合同当事人自然希望合同能够如约履行，但生活中不乏因意思表示错误、情势变更等引发的履约障碍。资金链的断裂、材料成本的升高、工资的迟发等都可能给原本善意的当事人带来履行上的困难，合同变更的价值即体现于此。

合同变更的方式主要有依据法律规定进行变更以及协商一致后的合同变更。前者致力于避免合同当事人权利义务上的不对等，后者致力于当事人意思自治的维护。现实生活中，由于未来的不可预见，合同都是不完美的。[1] 随着交易的继续，当事人之间的权利义务关系是动态发展、动态平衡的。为了寻求这一平衡，当事人可以适当变更合同，法律也会对合同的变更和效力变化做出相应的约束，意思自治与法律规范一直处于你弱我强之中。但不管孰强孰弱，当事人意思自治下的合同变更权一直受到保护，不容随意剥夺或限制。

然而，智能合约的自动履行条款给合同的变更戴上了枷锁，其虽然消除了合同履行的部分不确定，却未能为不可避免的不确定的发生预留必要的空间。在合同必须履行的规则和技术设计下，区块链智能合约使得当事人缺少了合同履行过程中依据交易现实状况和意志改变权利义务关系的可能。事前的强制意味着当事人意思自治受到了限制。区块链智能合约似乎从一开始就限制了当事人选择的权利，这也是其受到较多批评的地方。[2]

如此一来，自动履行条款将面临合法性质疑。目前，自动履行条款一般是完全履行、强制履行的，但复杂交易会出现部分履

---

[1] 罗培新. 公司法的合同解释 [M]. 北京：北京大学出版社，2004：59-60.

[2] 周润. 区块链智能合约的法律问题研究 [J]. 齐齐哈尔大学学报（哲学社会科学版），2018（04）：76.

行、履行变更等状况。❶ 对既有规则的违背反映到交易层面，呈现的是不当变动当事人权利的可能。履行过程中的智能合约不仅排除合同外第三人的介入，也排除当事人的干预。❷ 复杂交易中常见的部分履行、履行变更等情形在智能合约交易中无法得到实现。❸ 在智能合约强制履行的设定下，当事人协商过后的履行方式变更、履行期限变更，以及因一方不能履行义务的履行行为终止都将不复存在。当事人因此丧失经合意或法律允许的权利义务约定变更权利，固守既有约定的义务履行已然违背当事人的意思，权利的不当变动由此产生。究其本质，权利的不当变动源于自动履行条款对当事人意思自治的不当限制。智能合约与交易现实在履行规则上的不匹配，引发了智能合约自动履行条款对法律基本理论的背离。其对义务履行的确定和保障是以损害当事人意思自治为代价的。

在强调当事人合同变更权利，并否定其可以事先放弃的前提下，智能合约需要为这种强制性与灵活性的冲突寻求出路，为不可避免的当事人意思变更乃至情势变更留有余地。因此，"if A then B"自动履行条款的使用必须受到限制。首先，自动履行条款不太可能取代需要或包含弹性条款的约定。其次，即使在合同中添加自动履行条款，其仍应受到一定的限制。自动履行条款的未来应用很可能会限于特定场景，而不是在生活的各个方面都取得成功。

二、智能合约的使用范围划分与限制

自动履行条款存在限制必要，但限制手段如何确定尚存有争

❶ 郭少飞. 区块链智能合约的合同法分析 [J]. 东方法学, 2019 (03): 7.
❷ 狄行思. 论智能合约的风险负担及责任分担 [J]. 科技与法律, 2020 (06): 76－84.
❸ 郭少飞. 区块链智能合约的合同法分析 [J]. 东方法学, 2019 (03): 4－17.

议。无论是"一刀切"的可以更改，抑或是绝对化的不可更改，都不是效率、安全综合考量下的最优选择。因此，有必要区分何种智能合约条款可以更改，何种智能合约条款不能更改。学界已有著述将可以更改的智能合约和不可更改的智能合约分别命名为弱智能合约和强智能合约，并根据智能合约的强弱，分别划定其使用范围，以适应不同交易者对智能合约的使用需求。❶此种划分具有可取之处，但相关论述未能更深入地划定强智能合约与弱智能合约的使用场域，对相关实践的指导意义不足，故有必要就强智能合约与弱智能合约的使用场域进行类型化分析，并为实践提供指引。

具体而言，由于强智能合约灵活性不足，无法更改、终止，其理应被适用于义务履行确定性较强、法律关系相对简单、可重复使用的交易场域，如汇款、银行结算、支付、零售、保险、彩票、网购等领域。弱智能合约则可在义务履行方式多样、变化可能性较大、法律关系相对复杂的场域加以使用，如融资租赁、贸易融资、知识产权、票据交易、保理、物业服务、代理等领域。不过，强智能合约与弱智能合约在使用时的区分也不必过于严苛。若在义务履行确定性较强、法律关系相对简单的场域使用弱智能合约并无任何法律理论争议和实践风险，只是此时强智能合约的使用相较而言更具成本和效率优势而已。可一旦将强智能合约应用于义务履行方式多样、变化可能性较大、法律关系相对复杂的场域，其对当事人权利不当变动的影响就会变得显著且常见。这一问题的解决方案有三个：其一，通过限制自动强制履行避免当事人损失的发生。但这一办法已将强智能合约改写为弱智能合约，

---

❶ 夏庆锋.区块链智能合同的适用主张［J］.东方法学，2019（03）：35.

是对强智能合约存在价值的否定。其二，通过事后救济使权利义务关系复位。然而，研究者已逐步意识到事后救济是一个高成本的选择。与其浪费时间与金钱在事后救济上，从一开始控制合同违约的风险或许是更好的选择。其三，通过事前审查降低乃至避免风险发生的可能。事前审查的目的在于，在智能合约订立、使用前，避免不适应特定交易特点的、违法的智能合约被投入使用。对此，美国联邦贸易委员会（Federal Trade Commission, FTC）已率先对温德姆酒店的客房预订智能合约开展了一轮事前审查，以确定其智能合约的使用安全，避免可能存在的对当事人的权益侵害。● 具体论述智能合约事前审查的内容，鉴于人类对未来认知的有限性，事前审查的内容以基础性审查为主，但至少应避免智能合约对当事人意思自治的不当限制。

第二节　自动履行条款强制履行功能的限制

自动履行条款能够在不依靠人力的情况下实现价值转移。这一特点虽被认为是改变经济、金融和社会系统的革命性创新，● 却也引发"算法是否可信"、● "代码能否代替法律"、● "智能合约能

---

❶ See F. T. C. v. Wyndham Worldwide Corp. , 10 F. Supp. 3d 602, 615 (D. N. J. 2014).

❷ Dan Tapscott, Alex Tapscott. Blockchain revolution: How the technology behind bitcoin is changing money, business, and the world [M]. London: Penguin, 2016: 105.

❸ 张欣. 从算法危机到算法信任：算法治理的多元方案和本土化路径 [J]. 华东政法大学学报, 2019（06）: 17.

❹ ［美］劳伦斯·莱斯格. 代码2.0: 网络空间中的法律 [M]. 北京：清华大学出版社, 2018: 3.

否取代传统合同"、❶ "智能合约能否承担法院的部分职能"❷ 等争论。但在改变世界之前,如何解决自动履行条款的强制力带来的意思限制问题,是智能合约得以合法使用的必要前提。

一、使用规则限制

对于添加了智能合约的交易,自动履行条款的使用应受到一定的限制。具体而言,要想获得必要的信任,智能合约需从两个方面着手:一是通过法律、行业规范保障智能合约的平稳运行;二是增强智能合约算法本身的可靠性。❸ 前者着重使用规则的限制,后者强调用技术限制技术。所谓使用规则的限制,是指制定具体的使用规则以确定智能合约的使用范围和使用前提,避免其在复杂交易中给当事人带来权益侵害。

在国外,R3 咨询公司和诺顿罗氏律师事务所在它们共同编写的白皮书❹中制定了这样的规则,区块链智能合约要想获得法律效力,必须解决三个问题:①当事人在何种情况下会同意区块链智能合约的条款;②如何确保当事人注意到了区块链智能合约的使用条款;③当事人适用区块链智能合约所必须解决的问题有哪些。这其实是以提问的方式回答了区块链智能合约的使用前提:①当事人必须自愿使用区块链智能合约;②与区块链智能合约有关的条款必须为当事人所注意到;③尽量避免使用区块链智能合约可

---

❶ Sklaroff J M. Smart contracts and the cost of inflexibility [J]. U. Pa. L. Rev., 2017, 166: 263.

❷ 夏庆锋. 从传统合同到智能合同: 由事后法院裁判到事前自动履行的转变 [J]. 法学家, 2020 (02): 22.

❸ 张欣. 从算法危机到算法信任: 算法治理的多元方案和本土化路径 [J]. 华东政法大学学报, 2019 (06): 17.

❹ See R3, Norton Rose Fulbright, Can smart contracts be legally binding contracts? – An R3 and Norton Rose Fulbright White Paper, November 2016, p. 13.

能引发的问题。以上三条规则分别暗含着以下法律原则：保护当事人的意思自治、尽到提示义务、不得侵害当事人的合法权益。受到白皮书的启示，自动履行条款应受到以下三条基本规则的限制。

（一）强智能合约自动履行条款的"提示义务"

《民法典》有关"提示义务"的规定仅出现在第四百九十六条，即格式条款提供人应提示对方注意免除或者减轻其责任等与对方有重大利害关系的条款。对智能合约的自动履行条款做出类似限制，原因在于部分自动履行条款具备格式条款的特点。智能合约的使用目前大致有两种方式：一是交易各方事先达成一致，然后将合意的全部或部分内容以智能合约的形式固定在区块链上；二是交易的一方事先确定包含权利义务关系和履行规则的智能合约，交易对手方点击"同意"或点击"拒绝"，后者为典型的格式条款，且常应用于强智能合约交易场景。此外，由于强智能合约的强制履行限制了当事人的合同变更、撤销、解除等权利，属于"与对方有重大利害关系的条款"，故提供强智能合约的一方需要采取一定的方式提示对方注意自动履行条款的使用。不仅如此，相较于普通的格式条款，由于强智能合约是由常人不可理解的代码编写而成，这使得强智能合约的使用者相较于普通格式条款的使用者需要得到更多的保护。格式合同中的"签字同意规则"在强智能合约中应转变为"知情同意规则"。也就是说，智能合约的制作者有义务向智能合约的使用者解释说明智能合约自动履行条款的具体含义，以及可能带来的法律后果。此外，根据《民法典》第四百九十七条，对于不合理地免除或者减轻强智能合约提供者责任、加重对方责任、限制对方主要权利的自动履行条款，应认定为无效。

(二) 弱智能合约的自动履行条款不得违背当事人的意思自治

与强智能合约不同，弱智能合约的缔结方式一般为：交易各方事先达成一致，然后将合意的全部或部分内容以智能合约的形式固定在区块链上。目前有关弱智能合约强制履行缓和的观点分为两派：一派认为，应允许在智能合约的各个阶段撤销、变更或解除弱智能合约。另一派则认为，只能通过删除或缔结新的智能合约的方式，在弱智能合约履行完毕之后，撤销、变更或解除原来的弱智能合约。后者依然坚守着自动履行条款的强制功能，本质上依然是一种强智能合约设定，应受到"提示义务"的约束。由于弱智能合约的应用场域是灵活性较高、变更可能性较高、义务履行相对复杂、抽象的交易，故规定"弱智能合约的自动履行条款不得违背当事人的意思自治"，有利于保障当事人的变更、撤销、解除权利，在弱智能合约履行过程中顺应交易变化，避免事后救济的高昂成本以及由此引发的权利的不当变动。

(三) 智能合约的自动履行不得侵害当事人的合法权益

当自动履行侵犯当事人的合法权益时，需要公权力进行规制。在美国，智能合约租用汽车安装的起动器中断装置（Starter Interrupt Device，SID）超过 200 万辆，❶ 这些汽车在触发中断模式时，会使正常运行的汽车突然熄火。倘若紧急情况下（如紧急就医）阻止汽车使用，将会不当侵害当事人的人身利益。因此，必须严格审查执行中断行为的合理性，避免对当事人合法权益侵害行为的出现。

---

❶ Sweeting E N. Disabling disabling devices: Adopting parameters for addressing a predatory auto-lending technique on subprime borrowers [J]. Howard LJ, 2015, 59: 817.

　　对技术的绝对信任将导致区块链上积累大量得不到中央监督机构监管的财产权益。[1] 智能合约平台提供者拥有借助科技掌控庞大财产权益集合的能力，当事人的这些财产权益值得保护。不仅如此，因技术复杂性形成的"算法黑箱"使得当事人难以预见其对区块链的使用许可会产生怎样的不利后果。[2] 因此，当事人虽就自动履行条款达成合意，但并不意味着其自愿承担智能合约使用过程中的一切风险。因智能合约漏洞或智能合约平台提供者原因导致自动履行侵害当事人合法权益的，其可以在法律支持的范围内寻求赔偿。

二、技术限制

　　智能合约的自动强制履行功能看上去十分完美，但当智能合约的内部算法完全脱离控制，就很难使人产生信任。对自动履行条款进行技术限制的意义即修复理想智能合约的不可控所引发的信任危机。不论是脱离算法自动化决策权，抑或是中断算法的执行，都是算法失控或即将失控后的选择方案。[3] 自动履行条款同时也存在技术限制的可能。法律规则的限制属于典型的外部限制，而技术规则是内在固有的。在进行技术限制的时候，若违反特定规范，就会反馈出错，导致行为无法发生。[4]

　　具体而言，交易双方可以在智能代码中添加自毁程序，在确

[1]　汪青松. 信任机制演进下的金融交易异变与法律调整进路——基于信息哲学发展和信息技术进步的视角 [J]. 法学评论，2019，37（05）：82 - 94.
[2]　谭九生，范晓韵. 算法"黑箱"的成因、风险及其治理 [J]. 湖南科技大学学报（社会科学版），2020，23（06）：92 - 99.
[3]　袁康. 可信算法的法律规制 [J]. 东方法学，2021（03）：5 - 21.
[4]　Mark Walport. 分布式账本技术：超越区块链 [R]. 万向区块链实验室译. 伦敦：英国政府办公室，2016.

有必要的情况下，将具有自动履行条款的智能合约从具体区块删除❶，并依据交易的不同设计专门的程序代码满足诸如票据跳跃追索等交易规则的需求。智能合约的自动履行条款在最初的设计中是禁止直接修改的，即使是部分修改，也需要设计新的智能合约替代旧的智能合约。之所以将自动履行条款的变更程序设计得如此烦琐，是因为研究者相信，在自动履行条款的应用场合，变更只是个例。直接终止智能合约而非直接变更自动履行条款，能够更好地维护智能合约整体使用上的效率与便捷价值。❷ 这样的设计在保证智能合约自动履行这一本质特性的同时，也在最大程度上给当事人终止强制履行的权利。

在自毁程序的使用上，自毁程序的启动应限于当事人协商一致或者法律规定的合同变更、合同无效、合同解除等情形发生时。除却智能合约的"自毁"，对于智能合约灵活性缺失的问题，软件开发人员正试图在区块链上添加"许可"命令，允许人为干预的介入以防范上述情形的发生。有的开发人员则尝试开发私有区块链与混合区块链以解决此问题。❸ 但这样的做法也被诟病为给智能合约的定义带来问题，改变了智能合约的本质。❹ 这种观点误读了智能合约的本质和价值。智能合约的本质不是强制履行而是自动履行，借助自动履行功能实现交易的便捷，降低履行成本。强制

❶ Ross E S. Nobody puts blockchain in a corner: The disruptive role of blockchain technology in the financial services industry and current regulatory issues [J]. Cath. UJL & Tech, 2016, 25: 353.

❷ Ross E S. Nobody puts blockchain in a corner: The disruptive role of blockchain technology in the financial services industry and current regulatory issues [J]. Cath. UJL & Tech, 2016, 25: 353.

❸ Temte M N. Blockchain challenges traditional contract law: Just how smart are smart contracts [J]. Wyo. L. Rev., 2019, 19: 87.

❹ Raskin M. The law and legality of smart contracts [J]. Geo. L. Tech. Rev., 2016, 1: 305.

履行本就存在伦理和法律上的障碍，对强制履行的恪守其实是对人性和自然规律的违背。

除事后的"自毁"与"修改"之外，自动履行条款也需要事前的技术检验以降低使用风险。由于"if A then B"的自动履行条款是一种负担行为，一旦该条款出现技术漏洞，就会导致一方权利义务的加重或减轻。针对智能合约可能存在的技术漏洞和风险，在智能合约使用之前，通过正式测试（formal testing）输入的随机指令发现系统漏洞，辅以自动化形式验证（automated formal verification）模拟实际运行场景，可以捕捉智能合约实际操作过程中的漏洞并进行修复。❶

三、"代码即法律"的反思

更为激进的研究者提出"代码即法律"的观点，即将法律变成代码（turning law into code），通过编码语言将法律转化为代码写入区块链智能合约形成参数，只有符合参数规定的自动履行条款才能正常执行。❷ 将法律条款事先嵌入智能合约文本的办法，可以确保自动履行出现问题时，通过法律合约解决该问题。❸ 这样就不需要对智能合约的自动履行条款做出限制。不过，纠纷解决的关键在于赔偿规则和责任规则，这些规则通常具有极强的灵活性，有时甚至需要法官根据具体的案情做出裁量，这意味着赔偿规则

❶ Singh A, Parizi R M, Zhang Q, et al. Blockchain smart contracts formalization: Approaches and challenges to address vulnerabilities [J]. Computers & Security, 2020, 88: 101654.

❷ Kaal W A, Calcaterra C. Crypto transaction dispute resolution [J]. The Business Lawyer, 2017, 73 (1): 109 – 152.

❸ 凯文·沃巴赫，林少伟. 信任，但需要验证：论区块链为何需要法律 [J]. 东方法学, 2018 (04): 83 – 115.

和责任规则条款很难转化为智能合约代码。制定专门的智能合约法,并由软件开发人员和设备生产商使用其起草的代码语言来表达法律规范,从而逐步将法律规范转化为代码,只能说这是未来的一种发展方向。让智能合约脱离既有法律的约束,建立智能合约条款语言的审查和转化标准,形成其独特的法律代码化规制方法在目前看来还颇有难度。

(一)"代码即法律"观点的溯源

代码即法律(code is law)的观点并非因区块链智能合约而产生,早在 20 世纪 80 年代,互联网的发展引发了网络能够创造文明的思潮。[1] 在这样的思潮影响下,约翰·佩里·巴洛在《网络空间独立宣言》中称:网络空间不在你们的疆界之内……借助网络,我们可以创造一种新的网络文明,而这种网络文明要比集权的政府公平和正义许多。[2] 但这样的观点受到许多学者的批评,劳伦斯·莱斯格认为互联网不是没有规则的,互联网的本质是代码,而代码控制着网络空间和网络社会。[3] 由于代码能够在网络世界里确保事物按照程序规定的方向发展,劳伦斯·莱斯格提出"代码即法律"的观点。但莱斯格教授所理解的"代码即法律"不是代码可以取代法律,而是代码在网络世界里具有行为规范的能力,这与现实世界里的法律一样具有某种规制和约束功能。[4]

"代码即法律"的支持者认为,区块链智能合约具有传统合同

---

[1] 蔡维德. 智能合约重构社会契约 [M]. 北京:法制出版社,2020:17.

[2] Barlow J P. A Declaration of the Independence of Cyberspace [J]. Duke Law & Technology Review,2019,18(1):5-7.

[3] [美]劳伦斯·莱斯格. 代码 2.0:网络空间中的法律:修订版 [M]. 李旭,沈伟伟译. 北京:清华大学出版社,2018:7.

[4] [美]劳伦斯·莱斯格. 代码 2.0:网络空间中的法律:修订版 [M]. 李旭,沈伟伟译. 北京:清华大学出版社,2018:7.

法所没有的消除违约、强制履行等特点。代码已开始与法律一样对人们的行为进行调整、加以规制。❶ 网络交易中，淘宝、微博等的代码往往会收集用户信息，根据用户习惯做出推荐，并直接影响用户的购买行为和浏览习惯。这在无形中影响了用户与平台之间的法律关系。区块链智能合约在订立之时同样对当事人的行为产生深远的影响，创造新的法律关系、法律主体和法律客体。区块链智能合约借助代码决定了使用者之间以及使用者与智能合约提供者之间的法律关系。以往的经验表明，政府的第三方监管很难被架空。❷ 只要线上活动的监管是必需的，监管目的的实现总是有办法的。此外，在法律系统能够正常运转的情况下，技术的开发者没有动力设计一套吃力不讨好的如法律一般严密的系统规范工具。❸ 用区块链和智能合约取代法律没有想象中那么容易。

极力鼓吹区块链智能合约可以游离于法律之外的观点还认为依据智能合约进行的交易完全可以交由代码解决，无须第三方介入，解决了交易中的信赖难题。❹ 此种观点认为，智能合约追求的是机器执行的绝对效力，而非法律的约束力。区块链智能合约的去中心化使得司法机制无法介入智能合约交易，当事人失去了寻求法律救济的可能性。

（二）"代码即法律"观点的纠偏

"代码即法律"的观点夸大了代码的能量，也低估了法律的价

---

❶ ［美］劳伦斯·莱斯格．代码2.0：网络空间中的法律：修订版［M］．李旭，沈伟伟译．北京：清华大学出版社，2018：140.

❷ Werbach K. The Song Remains the Same：What Cyberlaw Might Teach the Next Internet Economy［J］. Fla. L. Rev. , 2017, 69：887.

❸ Fairfield J A T. Smart contracts, Bitcoin bots, and consumer protection［J］. Wash. & Lee L. Rev. Online, 2014, 71：35.

❹ Fairfield J A T. Smart contracts, Bitcoin bots, and consumer protection［J］. Wash. & Lee L. Rev. Online, 2014, 71：35.

值和作用。从外部形式来看，智能合约的执行依据是代码而非法律。因此，区块链和智能合约的鼓吹者认为，智能合约可以实现区块链上的技术自治，无须法律的介入也能实现交易的顺利履行。这样的观点其实隐含的是对机器和技术的绝对信任。但无论代码的行为约束功能有多强大，代码都不可能取代法律，而应该受到法律的约束。代码本身是人为编写的，没有善恶与好坏之分。但不同的人出于不同的目的可以编写不同的代码或服务于交易，或偷偷转移他人的财产。虽说"技术无罪"常被科技爱好者拿来为科技发展带来的诸多弊端辩解，科学技术也确实是第一生产力，但若因此对科技可能带来的诸多权益侵害视而不见，便夸大了科技的能量与价值。对此，法律应继续保持其应有之理性，对智能合约的使用可能带来的当事人损失，亦应扮演好最后一道防线的角色。此外，计算机是无法完全理解和表达人类的意思的。智能合约存在必需的"翻译"过程，这一过程存在编码人员故意欺诈和无意错误的可能。因此，区块链智能合约无法仅依靠自己解决交易中的所有信赖难题。

鼓吹智能合约代码约束力的观点还对法律人提出能力上的挑战。他们认为，法律人要想规范智能合约的操作必须先了解智能合约的运作原理，在看不懂智能合约编程代码的情况下，法律人没法就智能合约做出专业判断。这样的观点其实给自己预留了先天的论辩陷阱。如果说法律人无法像代码专家一样了解代码，就不能使用法律规范智能合约的话，代码专家也无法像法律人一样了解法律，这些专家怎敢断言用代码取代法律呢？虽然许多法律人在智能合约交易中缺乏技术方面的专业知识结构和积淀，但积极的做法是寻找到法律及法律人在某一领域专业性不足情况下的解决之道。区块链与智能合约程序确实复杂，即使是专业的程序员在没有专门学习的情况下也无法全面了解区块链智能合约的运作规则，但这种专业性制约不了法律对智能合约的规范。法律需要应对专业领域的纠纷本就不是今天才有，医疗事故、枪击谋杀等案件往往需要借助医学专家和弹道学专家的鉴定结论，在完全不懂手术、枪械技术的情况下，法律人只需借助特殊领域的专家获得法律推理过程必需的一般性要件即可。例如，法律人只需从专家处获得医生在手术过程中过失地切除患者的健康器官、贯穿被害人的子弹是从犯罪嫌疑人的手枪中射出的鉴定结论，剩下的法律问题自然能够获得法律人的解释。同样的道理也适用于智能合约交易，智能合约专家只需要就该智能合约是否存在黑客袭击、是否按照约定履行了义务做出证明，法律人即可做出相应的法律判断。实际上，在以"智能合约的法律问题"为研判对象的同时，就注定法律人才是这一问题的解释权威，智能合约专家起到的是为法律人提供证据和线索的作用。

"代码即法律"的观点之所以认为代码能取代法律，是因为代码与法律一样是一套逻辑推理程序，且代码更为精确，不至于受到主观因素的影响。从某种意义上而言，代码已经成为现代社会的一种行为规范，但代码规则与法律规则的一点重要不同在于，代码规则缺少专业的论证和必要的程序限制，程序员一人即可实现代码规则的创造，该规则可以被用于促进产品交易，也可被用于解锁密码，实施盗窃。换言之，代码规则缺少了法律所必备的价值判断和行为导向功能。法律虽以逻辑推理为重要手段，但其中夹杂了大量的价值判断。社会关系复杂而多样，法律在制定相应规范时，需首先为各种社会关系划分具体范围，从而确定如何适用合适的法律规范，这是代码很难完成的任务。这是因为，在划分具体范围的时候，人类必须先就不同的法律关系进行必要的价值判断，以实现客观事物的主观类型化。价值判断本就是人类基于自我意识和认知做出的主观判断，具有不可避免的偏颇性，而绝对客观的代码虽具有无可比拟的精确价值，却无法实现满足人类生活所必需的价值判断功能。此外，若放任智能合约的设计、开发和使用，并使其取代法律，代码的设计者便成为了世界和国家的主宰。有人会提出疑问：只要赋予代码以相同的价值导向不就可以取代法律了吗？问题是代码需求绝对的精确，以保证执行的准确性，代码难以就模糊的正义或善意概念做出准确的判断。这些概念本就不清楚，需要法官根据具体的案件事实依据人的普适价值观加以判断。价值判断的不确定性天生难以适配代码的确定性要求。

"技术中立"的支持者认为技术是绝对中立的，认为不应该对技术本身进行使用上的限制。严格意义上的"技术中立"指的是"价值中立"。❶ 技术确实没有好坏与善恶之分，但被应用于不同领域就会决定其究竟是"核电站"还是"核导弹"。区块链智能合约表面上是代码和程序的运算过程，其背后是无数主体以一种新的方式从事的新的法律行为。❷ 作为新型法律行为的辅助工具，区块链智能合约必须受到法律的规制。有观点认为，区块链智能合约能够通过制定详细的规则实现内部的安全有效运转。这样的观点显然夸大了智能合约的能力和价值。首先，没有人能保障区块链智能合约事先确定的规则是绝对正确无误的，人的有限理性以及代码错误的不可避免性决定了该规则不可能是完美无缺的。其次，

---

❶ 郑玉双. 破解技术中立难题——法律与科技之关系的法理学再思 [J]. 华东政法大学学报，2018（01）：85 - 97.

❷ 李伟民.《民法典》视域中区块链的法律性质与规制 [J]. 上海师范大学学报（哲学社会科学版），2020（05）：54.

如果区块链智能合约完全取代了法律，智能合约背后的操作者将失去约束的枷锁。依据区块链智能合约的一切行为都将由智能合约规则的制定者说了算，智能合约最后只会成为一种科技化的"集权"工具。无论从理论还是实践出发，智能合约的监管和限制都十分必要。

（三）代码的规制路径选择

对"代码即法律"观点的反驳只能证明法律依然在智能合约的规制上具有不可或缺的价值和地位，意在表明无论是代码还是法律都无法取代对方，它们将作为两种性质不同的事物运行于世界中，既相互独立，又相互影响。两者的发展方向应转变为代码以工具化的方式帮助法律更好地实现自己的目标。法律与区块链智能合约相互融合的道路大致有以下两条。

1. 区块链智能合约补充法律。此种机制强调对现有法律规范和中心化经营模式的坚持，区块链智能合约可以作为一种更可信、更高效的记录、执行机制参与其中。此种区块链智能合约的使用方式发挥的只是其部分功能。然而，此种介入路径使得政府彻底沦为智能合约的工具。仅提供信息支持的方式决定了政府无法监督智能合约的运行，也无法就智能合约可能引发的交易风险进行监控防范。

2. 法律补充区块链智能合约。人类才是区块链智能合约系统的短板。法律补充区块链智能合约的模式期望尽可能保留区块链智能合约的功能和价值，法律只在智能合约使用确有争议时站出来定分止争。区块链智能合约的去中心化、自动强制执行等理想功能都在此模式下实现，会给传统的交易模式带来本质性的改变。但去中心化对交易安全的保护是不足的，自动强制执行带来的经济损失和事后补救成本也更高。

综合来看，区块链智能合约补充法律的模式无法充分实现其价值。法律补充区块链智能合约的模式又使其具有太大的自由度，从而带来交易安全问题的增多和事后救济成本的增高。为了更好地体现区块链及智能合约的价值，法律依然发挥着"夹持"智能合约，确保其交易安全，规避其法益侵害的重要作用。在具体的政策导向和监管措施上，贵阳已于 2017 年率先发起由政府主导的区块链金融的沙盒监管。2019 年，国家网信办发布《区块链信息服务管理规定》，确定了一系列区块链平台的备案、审核、风控、实名化规则。进一步的立法计划可以等智能合约产业初具规模之后再予考虑。

第四章

非自动履行条款的风险防范

　　智能合约非履行条款对区块链技术的使用许可，使得巨量的权利被上传至去中心的区块链上。这样的设计本是出于社会自治与交易效率的考量，但缺少中心机构则意味着立即解决争端权威的缺失。在缺少具体的披露规则和监管措施的情况下，一些机构或个人甚至可以有意隐瞒部分交易信息，利用区块链智能合约看似透明的特点，实现内幕交易或操纵市场的目的。❶ 因此，非履行条款在使用过程中需要警惕去中心化可能引发的交易风险，以及给当事人带来的权益侵害。

第一节　去中心与弱中心的选择：
应用场景的二重划分

　　美国商品期货交易委员会曾发布《智能合约入门

---

❶ European Securities and Markets Authority. The distributed ledger technology applied to securities markets[J]. Esma París, 2016(12): 145.

指南》❶，明确指出金融交易和监管机制是智能合约最大的应用场景。在国内，网信办于 2019 年 2 月发布《区块链信息服务管理规定》，对区块链监管的主体、义务、方式、责任等进行了细致的规定。无论是国内还是国外，区块链与智能合约的重要性不言而喻。而各国配套措施的相继出台，也表明区块链与智能合约等技术手段依然会受到国家法律的必要规范。

一、理想状态：绝对的去中心化

区块链智能合约依靠去中心化的交易设计，能够大幅降低交易的协商成本和履行成本，使其在诸如证券、期货等金融领域颇受青睐。但去中心化的交易模式也让智能合约呈现出灵活性不足的特点，故其应用场景应限制于确定性较高的交易场域。

传统合同具有极强的不稳定性，当事人无法预知未来可能发生的违约以及各种交易、现实环境的变化。因此，传统合同的缔结往往采用非精确的语言。当出现争议时，法院可以依据法律规定、交易习惯和行业惯例进行审理。传统交易依赖法院作为权威第三方以弥补约定的模糊性。但区块链智能合约去中心化的交易模式意味着其缺少权威第三方对交易进行补正。为弥补这一缺陷，确定的"if A then B"代码实现了义务的自动强制履行，彻底消除了交易补正的可能。但这就要求条件 A 和结果 B 必须是精确且确定的，这是因为智能合约难以识别复杂的交易结构和交易逻辑。不仅如此，区块链智能合约要求权利义务的约定越稳定越好，因为智能合约的技术特点决定了其难以在履行过程中被变更。不得已情形下的智能合约更改往往是具有破坏性的，且更改成本较高。

---

❶ Bhagavan S, Rao P, Njilla L. A primer on smart contracts and blockchains for smart cities [J]. Handbook of Smart Cities, 2020 (5): 1 – 31.

这些特点决定了理想状态下的区块链智能合约更适应义务履行确定性较强的场合。这种确定包括条件与结果的确定，以及履行过程不易出现当事人意志变更或情势变更的确定。例如，在金融业中，通过智能合约的方式自动执行股票交易，可以消除延迟和错误。❶

此外，智能合约在自动结算领域也存在较好的应用前景。首先，智能合约能够大幅减少结算时间，从而降低资金结算风险。❷其次，传统结算由金融中心控制，使得金融中心对金融环境的影响较大。区块链智能合约能够实现资金的到期自动结算，排除了金融中心的过度控制。最后，结算支付的确定性较高，使得区块链智能合约灵活性不足的问题也不再明显。保险是另一个智能合约得到较好应用的领域。以航班延误险为例，传统航班延误理赔时，当事人需要提供大量的身份信息、理赔申请表等材料，且需要在审核通过后才能获得赔偿，效率低下。在区块链智能合约去中心技术控制下的航班延误险，由于必要信息已经保存在区块链上，无须航空公司进行反复调取。航班一旦未准时抵达，智能合约可以自动执行赔偿操作，极大地缩短了交易时间，也节约了审核成本。

而在交易较为复杂、义务履行不太确定的场合，智能合约灵活性不足的特点将被放大。❸如前文所述，智能合约借助算法的目的就是尽可能排除人为因素的干扰，使用绝对客观的代码实现合约履行的公正客观，但智能合约的设计、操作依然离不开人力，

---

❶ 谭佐财. 智能合约的法律属性与民事法律关系论［J］. 科技与法律, 2020 (06)：68.

❷ Hsiao J I H. Smart contract on the blockchain – paradigm shift for contract law［J］. US – China L. Rev. , 2017, 14：685.

❸ Sklaroff J M. Smart contracts and the cost of inflexibility［J］. U. Pa. L. Rev. , 2017, 166：263.

故智能合约的实际使用终究会与理想存在距离。即使不考虑机器本身出错的可能性，区块链智能合约离不开人为的操控。正是外界操作的引入，使得客观的代码运算依然掺入不可控的主观意志。❶ 因此，智能合约理想状态下的去中心向现实让步可以说是必然之选。

智能合约是一个横跨私法交易的国际化交易应用技术。私法领域的智能合约固然遵循法无禁止即可为的基本原则，但商事交易领域需严格遵守商事主体和商事活动的相关规范，特别是金融、保险等领域的交易中。虽然智能合约的去中心化是其核心价值所在，但完全避开监管的交易已被证明具有极高的风险。因此，智能合约在特定领域的应用仍需受到《商业银行法》《保险法》《票据法》等商事法律和行政法规的调整。2019 年 1 月，国家网信办发布《区块链信息服务管理规定》，对区块链监管的主体、方式、义务、法律责任等做出全面规定。因此，无论是网络还是现实，均需受到法律的规制。❷

二、非理想状态：相对的弱中心化

区块链智能合约的安全、效率与去中心化呈现出三元悖论的关系，如图 4 - 1 所示。❸ 其共识机制无法一劳永逸地解决所有的问题，区块链智能合约的实际应用必须在三元之间寻求一种平衡，比如牺牲部分去中心化的功能从而保障交易安全。基于此，区块链智能合约的设计面临三条路径的选择。

---

❶ 凯文·沃巴赫，林少伟. 信任，但需要验证：论区块链为何需要法律 [J]. 东方法学，2018（04）：83 - 115.
❷ 赵磊，孙琦. 私法体系视角下的智能合约 [J]. 经贸法律评论，2019（03）：26.
❸ 长铗，韩锋. 区块链：从数字货币到信用社会 [M]. 北京：中信出版社，2016：124.

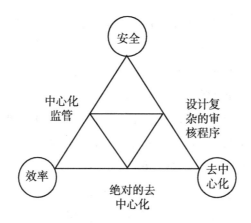

图 4-1　区块链智能合约的"三元悖论"模型

(一) 设计复杂的审核程序

权威中心存在的价值在于保证交易的健康发展和安全进行，并在出现争议时提供及时有效的解决办法。在去中心化的制度设计下，交易失去了事前监督和事后权利救济的机制。为保护交易安全，系统必须设计极为复杂的程序以解决交易从始至终可能出现的所有问题，这显然是不可能的。法律的滞后性特点其实也适用于世间所有规则和制度。程序设计的运行规则一旦确立，就会落后于交易形态和现实状况的发展。人类天生的有限理性决定其设计的审核程序也不可能囊括交易的所有可能。即使存在能够根据现实发展预测一切情形的审核程序，其运算量也是不可思议的。复杂的审核程序要求区块链智能合约在使用的过程中时刻计算交易发展的所有可能，这无疑给交易带来极大的不便，违背了智能合约设计的初衷——提高交易效率。

(二) 绝对的去中心化

理想状态下的区块链智能合约是完全去中心化的，但完全去中心化的系统牺牲了交易的安全。权威第三方的缺失意味着区块链上的智能合约交易不受监督和控制，利用区块链智能合约进行的交易也就没有安全可言，甚至会成为违法交易的温床。安全对于涉及金钱价值的行业而言是一票否决的，再便捷、体验再好的应用，在没有安全保障的情况下都是无法采用的。据统计，2011—2018 年，全球因区块链安全事件造成的损失近 30 亿美元。其中交易平台事故约 34%，因智能合约漏洞造成的损失约 20%，因用户使用问题带来的损失约 19%。❶

智能合约绝对去中心化的拥护者秉持的是绝对的私法自治，在这些人看来，政府组织反应迟缓、滥用权力、腐败且缺乏创新。❷ 迄今为止的人类交易之所以大量依靠这一中心化权威，不是因为它高效且全能，只是我们还没有找到更好的选择而已。他们认为区块链智能合约正是改变这一传统交易模式的关键工具，通过点对点的验证机制，人类社会第一次实现了陌生人之间的共识和信任。在智能合约绝对的拥护者眼中，未来的理想交易模式应该是完全依赖区块链智能合约规则运转的。此时，交易存废的决定性权利不再由单一实体所享有。在所有信息都向各个节点公开的情况下，借助计算程序自动执行的强制力，个体去中心化的自治是未来交易最高效的选择。❸ 这样一种摆脱国家和政府管制的交易世界乃至社会生态，才是区块链智能合约追求的终极目标。

然而，这种观点实在过于理想，不仅小觑了国家在交易安全维护上的绝对权威和兜底性价值，更过分夸大了区块链与智能合

---

❶ 星球月报. 2018 年区块链技术安全服务行业报告 [EB/OL]. （2018 - 09 - 05）[2021.3.28]，https：//www. sohu. com/a/252088442_104036.

❷ Donahue Jr C. Private law without the state and during its formation [J]. The American Journal of Comparative Law，2008，56（3）：541 - 566.

❸ Atzori M. Blockchain technology and decentralized governance：Is the state still necessary? [J]. Available at SSRN 2709713，2015（7）：84.

约的功能。首先，在高度复杂的现代社会生态中，国家权力是个人权利和行为自由的重要保障。作为同样服务于私人的重要工具，政府管制不应该是区块链和智能合约的"异己"力量，而是能够与区块链智能合约互为补充。其次，区块链智能合约远远称不上完美，或者说一劳永逸的社会管理机器本就不可能存在于世。区块链智能合约天生的安全漏洞和计算误差，使其不仅需要适当的规制以弥补自身不足，更需要在交易安全上添加更保险的机制以避免使用者的损失。DAO 事件的发生已足够证明不加监管的区块链智能合约对当事人而言是一种潜在的灾难。[1]

互联网交易因中介的单一和信息的透明而成功降低了交易价格，但高度集中的中介平台对当事人个人信息保护不利，且容易聚集巨额财富，具有一定的风险。理想状态下的去中心化交易将财富的记录进行了分散，但区块链上仍然聚集着巨额的财富。若缺少必要的监管者，这笔巨额财富会成为黑客的攻击目标。不仅如此，完全的去中心化意味着所有权的证明只是区块链上的密钥，一旦密钥被钓鱼攻击盗走，或者当事人遗忘密钥，所有权人对物的掌控和找回都将十分困难。因此，完全的去中心化是不可能也不安全的。

（三）去中心化的适度监管

Decentralization 在我国被译为"去中心"，但其本意是一种"分权制"。[2] 区块链智能合约的分权意味着区块链上的每个区块都是管理并记录区块链智能合约信息的一部分，且区块链智能合约是由中心参与和带领的。在区块链智能合约分布式的商业模式下，所有产权都是开源的，在没有股东、董事、员工的参与下，区块

---

[1] 凯文·沃巴赫，林少伟. 信任，但需要验证：论区块链为何需要法律 [J]. 东方法学，2018 (04)：83-115.
[2] 蔡维德. 智能合约重构社会契约 [M]. 北京：法制出版社，2020：44.

链智能合约依靠程序算法构建起一个自主治理的组织，这一点本没有什么不好。智能合约的应用优势有赖算法技术的支持，但运算逻辑的僵硬化使得部分场景下的智能合约逐步偏离现实交易规则，并对交易安全提出挑战。比特币的错误选择是利用 P2P 网络协议逃避监管，试图以代码控制整个比特币经济体系。在这个体系中，代码的开发者成为区块链智能合约的中心管理者，反对中心化成为他们营销自己的概念和系统的口号。❶

而且前文业已证明，区块链智能合约需要在必要时介入第三方权威仲裁者，比如义务履行出现争议或错误时。为了保障区块链智能合约的实际应用，并维护交易安全，现实中需要从理想的完全自动履行往后退一步，在必要时由人工仲裁者介入其中，如图 4 - 2 所示。这里的人工仲裁者不一定是法院法官，也不一定是传统的电商平台，他可能是智能合约的提供者，也可能是区块链的使用者共同选举出的管理员。在实践中，以太坊平台通过"硬分叉"技术也曾成功追回被窃取的以太币，这说明区块链上的交易并非绝对不可逆，且有办法在区块链上实现交易和代币的操纵。这更说明政府或裁判机关作为"超级用户"加入区块链智能合约的可行性和必要性。

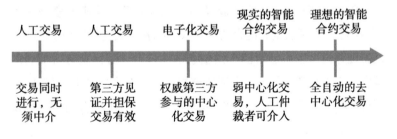

图 4 - 2　交易形态的历史发展

---

❶　蔡维德.智能合约重构社会契约［M］.北京：法制出版社，2020：63.

　　智能合约未来的发展方向不是取代政府的绝对去中心化，应是与政府互补建立"弱中心化"的交易平台，在充分尊重智能合约运行机制的前提下，保留中心设置，权威第三方只在必要情形下进行介入。如此，既能保证交易安全、填补交易漏洞，又能发挥智能合约弱化中介带来的交易成本优势和交易效率价值。智能合约的应用与互联网一样，两者虽然都旨在促进自由表达与思想交流，但必要的限制和监管将是这种"自由"的必要牺牲。

（四）小结

　　区块链智能合约在民商事活动中具有降低交易成本、提高交易效率，以及在一定程度上消除当事人双方交易信息不对称的重要价值。与此同时，智能合约在现阶段尚存在许多弊端，比如对法律的冲击、对交易安全的威胁、自身性能的不足等。这些问题使区块链智能合约有成为犯罪活动、庞氏骗局、无政府和独裁主义避风港的可能。❶ 因此，如何将智能合约发展为可信赖的技术（Technology Trust）❷ 手段是当下具有实际价值和意义的重要课题。如果说放弃合同变更权利的部分是区块链智能合约给传统法学理论出的一个难题，那依托区块链智能合约出现的新型违法行为、带来的责任承担主体不明、对事后救济难度的增加则是其给现实交易带来的风险。在区块链技术不断创新的情况下，单纯的法律规制难以完全消除其中的风险，技术规制的引入将会更好地实现"技术的归技术，法律的归法律"。实际上，新兴科技与法律规制、

❶ 凯文·沃巴赫，林少伟. 信任，但需要验证：论区块链为何需要法律［J］. 东方法学，2018（04）：83-115.
❷ Ratnasingam P, Pavlou P A. Technology trust in internet-based interorganizational electronic commerce［J］. Journal of Electronic Commerce in Organizations（JECO），2003，1（1）：17-41.

政府监管并非水火不容，适当的监管也能为科技的应用保驾护航。未来区块链智能合约的发展方向应是与政府互补建立弱中心化的交易平台，并尽可能地发挥自动履行的功能提高交易效率，而不是完全取代政府的去中心化。

三、非理想状态下"超级用户"的选择

区块链智能合约的绝对拥护者认为智能合约贯彻了"私法自治"与"契约自由"的原则。在过去没有更好选择的情况下，中心化的组织是迫不得已的选择，但在区块链智能合约能下放权力的新时代，权力不再由单一个体或组织所享有，区块链的所有参与者都能够实现个体去中心化自治。❶ 但这种观点显然高估了区块链和智能合约的自治能力，也低估了中心机构的功能。作为最典型的中心化组织，国家和政府为个人的权利提供了最有利的保障，私法的自治和契约的自由都需要国家强制力的维持。从这个角度来说，国家和政府的管制并非智能合约的"异己"力量，而是智能合约运行的有效保障。

此外，区块链智能合约需要与现实世界产生交互，这意味着区块链需要依靠"预言机"实现链上世界与链下世界的互通。"预言机"的价值即为链上的区块链智能合约提供执行所必需的链下信息。只有得到预言机确证的真实交易才能触发链上区块链智能合约的自动执行。❷ 目前，虽然有设计者试图在"预言机"中达成共识机制，但这一设计需要将现实社会的所有信息进行整合，这

---

❶ Ratnasingam P, Pavlou P A. Technology trust in internet – based interorganizational electronic commerce [J]. Journal of Electronic Commerce in Organizations (JECO), 2003, 1 (1): 17 – 41.

❷ Mik E. Smart contracts: terminology, technical limitations and real world complexity [J]. Law, Innovation and Technology, 2017, 9 (2): 269 – 300.

种共识机制的达成过于理想且价格不菲。目前，无论是何种"预言机"，都无法实现区块链的去中心化。

因此，区块链智能合约是无法实现完全的自运行的，其必然需要接受现实社会的输入，这决定了其无法消除人为参与的操作风险，也无法被无条件地信任。在人类必然参与区块链智能合约的情况下，"超级用户"的存在能为意思自治提供必要的监督和辅助功能。"超级用户"的权限涉及智能合约监管、智能合约改写、智能合约争议解决等诸多方面，究竟由谁来承担智能合约"超级用户"的职责，现有观点存在单极化倾向，即由某一个机构或组织扮演"超级用户"的角色。在"超级用户"的具体选择上，主要围绕政府、法院、智能合约平台提供者、区块共同选择的管理员进行讨论。然而，单极化的"超级用户"选择一来容易导致权力垄断和权力扩张，二来无法发挥各机构的专长，不太适应智能合约科技性显著、适应性强、应用范围广的特点。合理的智能合约规制体系应发挥各方优势，探索分工合作的最佳路径。

（一）统一监管的"超级用户"：政府机构

如前所述，非自动履行条款构建的去中心化交易模式具有潜在的交易风险和违法风险，监管者是智能合约交易从去中心化向弱中心化发展的必然选择。智能合约在金融领域的发展前景决定了其监管不仅是技术使用上的监管，更可能牵涉金融交易创新和金融风险防范，而这方面向来由政府机构主导和参与。

区块链智能合约的监管需要在算法与政府之间找到强弱关系的平衡点，由此产生"算法控制型"与"算法构造型"两种不同的建构思路。❶ 政府作为智能合约的"超级用户"介入监管时，上

---

❶ 郭少飞.算法法人的理论证立及构成要素探析［J］.东方法学，2021（05）：93－109.

述两条路径可供参考。

算法控制型思路。此思路以提升智能合约效率、弥补智能合约不足为目的。❶ 智能合约的一大问题是，其无法获取足够多的信息以预测交易发展的一切可能，这放大了智能合约灵活性不足的缺点，使其难以根据交易状况的改变做出应对。而政府作为庞大信息的掌握者，通过统一、完备的政府数据开放系统的构建，能够在与智能合约应用程序接口相连接之后，为智能合约提供足够的信息支持。

算法构造型思路。如果填补智能合约漏洞的思路是以辅助智能合约运行为目的，那么监督智能合约运行的路径则是从规则控制的角度对智能合约的使用进行必要限制。在此种路径下，政府可以在智能合约使用前，制定使用指引加以规范，并在智能合约的使用过程中，监督其使用状况，还可以在必要的时候借助代码程序规避其使用风险。美国专利商标局在2018年10月4日公布的一份文件显示，阿里巴巴公司的一项专利实现了政府加入区块链获取智能合约数据的可能。❷ 在有充分的数据作为支撑的前提下，政府可以通过调令直接变更或者解除智能合约。❸ 这种直接操作智能合约的权限确实使政府的调控、制裁、处罚能第一时间取得效果，但也赋予政府直接操控交易的权力。市场之手完全被政府握住，从本质上而言也不利于经济的自由和繁荣发展。

"算法控制型"思路以坚持绝对的去中心化为原则，旨在用算

---

❶ 赵精武，丁海俊.论代码的可规制性：计算法律学基础与新发展 [J]. 网络法律评论，2019（19）：111.

❷ 新浪科技.阿里巴巴提交允许"行政干预"的区块链专利申请 [EB/OL].（2018 – 10 – 06）[2021 – 06 – 12]. https：//tech. sina. com. cn/i/2018 – 10 – 06/doc – ifxeuwws1359382. shtml.

❸ 许可.决策十字阵中的智能合约 [J]. 东方法学，2019（03）：55.

法取代政府在社会治理中的核心地位，将政府看作算法的辅助。
这种观点忽视了两个问题：一是智能合约交易尚有平台作为区块
链的操控中心，若要反对政府的中心化，平台中心化的存在必然
受到质疑。二是高估了市场理性，也低估了政府有形之手的力量。
"算法控制型"思路本质上是借助去中心机制构建绝对自由的市场
化交易。这一思想早已存在。在凯恩斯之前，经济世界的主流观
点是以马歇尔为代表的新古典学派。新古典学派强调用市场的
"无形之手"调控经济资源分配，认为无须中心调控的自由的市场
经济能够创造自由竞争的环境，并实现经济资源的帕累托最优。
然而，在边际消费倾向一般比较稳定的情况下，人的理性倾向于
储蓄，而非消费。国家或者说政府的干预，能够以公共决策的理
性弥补私人投资的不理性，从而实现供求平衡与经济增长。而反
复出现的经济危机也从事实上证明了新古典学派的绝对自由思想
是错误的。私人投资者并非绝对理性，且极易受到操盘者的控制，
政府的价值即用有形之手纠正市场的不正之风，避免市场被寡头
操控。"算法控制型"思路的问题就在于，将政府化为智能合约的
辅助工具。仅提供信息支持的方式决定了政府无法监督智能合约
的运行。因此，政府应在智能合约交易监管中更加积极主动地发
挥作用。由于智能合约是没有好坏、善恶之分的，法律禁止流通
和法律限制流通的事物都能成为智能合约的履行标的。这就要求
政府对智能合约的使用进行监管，以保证其合法运转。

　　"算法构造型"思路依然强调政府在区块链智能合约应用过程
中的核心地位，坚持传统的"中心化"治理模式。如此一来，区
块链智能合约设计之初的理念便被颠覆，其对传统中心低效的
"反叛"也就失去了价值。"算法构造型"思路再次将技术驯服，
成为自己可以驾驭的机器。更有甚者，试图直接赋予政府发布指

令规制智能合约执行操作的权力，将智能合约变成了政府直接操控市场的工具。首先，行政权力必须受到限制，政府在行政协议中的基本职权和职责边界应该得到明确是现代"控权论"的核心思想。政府若获得智能合约的直接操控权，其对交易和市场的操控将成为可能，政府也就失去了管理者的中立属性，市场将因此失衡，因此，政府绝不能获得直接操控智能合约的权限。其次，若依然保持采用传统的中心化治理模式，是不利于智能合约的发展的价值体现的。一是智能合约尚处于起步阶段，其应用的前景和界限都有待观察，传统成熟的监管模式不仅不适宜智能合约交易，且会制约其发展。二是区块链智能合约的"去中心"这一创新价值将被直接扼杀，智能合约将如同以往的其他技术一样沦为工具而已。虽说"绝对的去中心"目前看来还不太现实，但"部分去中心"或者"弱中心"依然是可行且必要的。具体而言，政府应采取包容审慎的监管态度，一是鼓励智能合约的创新应用，包容其潜在的危害可控的风险，二是审慎对待其可能引发的金融风险和权益侵害风险。对此，可以在自贸区首先推行"沙盒监管"，观察智能合约交易创新的影响，在风险评估的基础上，考虑是否扩大智能合约在特殊交易领域的适用范围是较为合理的做法。

（二）日常管理的"超级用户"：智能合约平台提供者

在实际操作过程中，智能合约平台的提供者与使用者签订的是某种意义上的服务合同，❶ 亦即平台提供者不直接参与智能合约的缔结，只提供必要的区块链与智能合约使用技术和使用平台。

在政府进行必要监管的前提下，平台提供者依据自身对技术

---

❶ 赵志华. 区块链技术驱动下智能合约犯罪研究［J］. 中国刑事法杂志，2019（04）：92.

的掌握和了解，作为"超级用户"直接参与智能合约的交易管理，具有正当性基础：其一，存在法律赋权。智能合约平台提供者类似于我国《电子商务法》规定的电子商务经营者。《电子商务法》第三十一条、第三十九条、第四十一条明确规定，平台需对商品和服务信息、交易信息进行记录和保存，需建立信用评价制度与信用评价规则，需保护平台使用者的知识产权等。其二，存在义务来源。平台提供者作为区块链技术的直接运营商，在提供技术服务的同时，也成为区块链上大量财产权益的风险控制者。为了规制风险，风险控制者必须被课以一定的注意义务。[1] 智能合约平台提供者在服务合同与必要注意义务的双重约束下，理应对平台使用者的财产进行保护。其三，具有成本、效率优势。由于平台提供者需要时刻维护区块链以保证其运行，这意味着其能在第一时间发现异常交易及黑客袭击。平台第一时间的管理无疑是最高效且成本最低的。其四，"算法权力"的必然。智能合约以算法为架构技术，该算法本身就是一种行为与交易规范，决定着智能合约的交易模式，由此形成平台提供者天然的管理者地位。

鉴于政府监管与平台提供者管理之间的区别，两者在"超级用户"的具体权限上也存在差别。作为"超级用户"的政府倾向于在每个计算机节点建立后门以实现对智能合约交易数据的监管。而作为管理者的平台提供者，可以保留在特别程序下修改区块链数据库，以实现对智能合约订立、履行、修改全过程可控的权限。[2] 平台管理者具有以下具体权限。

---

[1] 石一峰. 安全保障义务责任的实体与程序衔接 [J]. 中国应用法学，2018（05）：114－132.

[2] 王延川. 智能合约的构造与风险防治 [J]. 法学杂志，2019（02）：50.

1. 智能合约的改写

区块链智能合约试图以确定性的执行程序消除义务履行的不确定。本书前面论述已说明，绝对的强制执行过于僵化，难以适应主体意志的变迁，也无法囊括社会生活的全貌，更无法预测未来的无限可能。[1] 基于此，弱智能合约需要为可能的修改和变更预留必要的空间。

合同变更权被规定于《民法典》第五百三十三条与第五百四十三条。区块链智能合约对合同变更权的限制有违《民法典》的基本规定，为了规避可能的违法风险，既有实践已经开始尝试为区块链智能合约添加事先设计好的变更代码，一旦出现代码设计的事件，便可自动变更合约。然而，这种事先预设代码以满足合约变更需求的技术设计依然摆脱不了智能合约僵硬化的窠臼。在这种设计下，合约变更必须满足事先确定好的条件，不符合该条件的变更事由将无法得到智能合约的认可。然而，人类的理性决定其无法就一切可能的变更事由预先设想完备，特别是当事人协商一致的合约变更是无迹可寻的。此时，赋予平台管理者在法律规定的条件下改写智能合约的权利能较好地解决这一问题。

不完全合同理论认识到人的有限理性是无法完美预测合同履行阶段的一切可能的。[2] 因此，法律虽然鼓励并保护合同的完美履行，但不会对合同约定施加强制性的约束。也就是说，当事人可以在合同履行过程中对约定的权利义务关系进行变更。与此同理，作为人力产物的智能合约同样受限于人的有限理性，有着改写的

---

[1] Scholz L H. Algorithmic contracts [J]. Stan. Tech. L. Rev., 2017, 20: 128.

[2] 朱慈蕴, 沈朝晖. 不完全合同理论视角下的公司治理规则 [J]. 法学, 2017 (04): 149–151.

可能和必要。

前述论证已经充分说明区块链智能合约最优的应用环境是可重复使用、义务履行确定性较强的交易场景，但这并非意味着其在稳定性较差的权利义务关系中没有使用的可能。固有开发人员尝试增加应用程序接口（Application Programming Interface，API），以弥补智能合约僵硬化的缺陷。应用程序接口本质上是为区块链智能合约的改写提供一条应急通道，若智能合约确有变更必要，当事人可以借由应用程序接口通道实现合约改写，避免智能合约破坏带来的重新订立合约的成本。

2. 智能合约的终止

强智能合约是绝对去中心化的自动强制履行程序，因此，难以事中改写。若由于情势变更或当事人合意需要对约定进行变更，事后改写会直接终止智能合约，并依据当事人新的约定编写新的智能合约以达到权利义务变更的目的。此种方式是对区块链智能合约的不可篡改以及自动履行特点的绝对坚持，但无疑增加了权利义务关系的救济成本。然而，考虑到强智能合约的可重复使用以及义务履行较为确定的特点，从交易总量上看，救济成本得以降低。

（1）编码错误引发的终止。

区块链智能合约难免出现编码错误的问题，具体能否终止可分情况进行分析：其一，代码错误不足以影响交易中的权利义务关系的不宜终止。其二，若代码错误违背当事人的真实意愿，允许"超级用户"终止智能合约，并向代码错误的始作俑者要求赔偿。其三，因外部攻击篡改智能合约影响当事人权利义务关系的，在确无修复可能或权利侵害迫在眉睫的情况下，平台管理者可以终止智能合约，由外部攻击者承担赔偿责任。

（2）协商一致的终止与法律规定的终止。

针对协商一致的终止与法律规定的终止，可以通过多重签名的引入来实现。以双方交易的区块链智能合约为例。由于智能合约代码需要密钥签名，通过建立三方的联合账户，可以实现代码由 2/3 密钥确认，并由第三把密钥的持有人（平台管理者）在出现争议时决定继续执行还是终止智能合约的操作。❶

（三）"超级用户"辅助人：区块共同选择的管理员

区块链由各个区块组成，每一个区块即代表一个交易主体，并承担交易信息记录的职责。❷ 智能合约这种分布式的商业模式，依靠程序算法构建了一个自主治理的组织，且所有产权都是开源的。❸ 在有必要为这个自主治理组织选择权威中心时，各个区块的自主意思都应该得到尊重。为此，链极智能科技（上海）有限公司已发明一种自主管理的方法——通过区块链公链管理联盟链成员。❹ 即在公链上创建一个智能合约，用于储存联盟链的成员信息。成员的每次交易都需要在公链上发送交易调用信息，才能实现特定更改，以完成交易。由此，区块共同选择的管理员便有了管理智能合约交易的必要权限。然而，区块共同选择的管理员相较于智能合约平台提供者而言，往往不具有技术优势和资金优势，其更适合作为平台提供者这类权威中心的辅助人。在日常的管理辅助工作中，区块共同选择的管理员可以承担部分纠纷解决功能

❶ 王延川. 智能合约的构造与风险防治 [J]. 法学杂志, 2019 (02): 49.

❷ 杨东. "共票"：区块链治理新维度 [J]. 东方法学, 2019 (03): 56 – 63.

❸ 谭佐财. 智能合约的法律属性与民事法律关系论 [J]. 科技与法律, 2020 (06): 65 – 75.

❹ 庞引明, 韩斌, 陈立刚. 一种通过区块链公链管理联盟链成员的方法 [J/OL]. 百度学术 https://tech.sina.com.cn/i/2018 – 10 – 06/doc – ifxeuwws1359382.shtml, 2021 年 8 月 19 日最后访问。

和管理职能。

　　Wright 和 De Filippi 设想了一种由专家仲裁员参与的智能合约模型❶。在该模型中，交易各方和区块共同选择的管理员都拥有区块链智能合约的密钥。合约需要确认交易各方的密钥才能生效。一旦出现争议，区块共同选择的管理员在作出决定后，可以通过密钥强制执行智能合约或阻止交易的达成。从技术层面来看，非理想状态的区块链智能合约通过将某些执行元素从智能合约自动化系统中剔除，进而加入共同选择的管理员的操作权限，可以实现智能合约的半自动执行，❷这样可以规避智能合约执行的僵化和可能带来的交易风险。然而，区块共同选择的管理员所做出的判断和操作不具有终局性，也不具有法律效力。当事人若对纠纷解决结果不满，可以向法院提起诉讼，获得具有法律约束力的裁判结果。

　　（四）法律效力裁判者：法院

　　越来越多的学者认为，法院应最终保留对智能合约法律效力的管辖权。❸故有观点提出，可以将法院添加到区块链上，并赋予其"超级用户"的权限，一旦出现争议，当事人可以向法院寻求帮助，以撤销智能合约。❹

　　法院对交易行为法律效力的判断是司法权的应有之义。然而，司法权的本质是一种判断权，即通过具有确定力、执行力的

---

❶ Wright A, De Filippi P. Decentralized blockchain technology and the rise of lex cryptographia [J]. Available at SSRN 2580664, 2015 (9): 74.

❷ 凯文·沃巴赫，林少伟. 信任，但需要验证：论区块链为何需要法律 [J]. 东方法学, 2018 (04): 83-115.

❸ Werbach K. Summary: Blockchain, the rise of trustless trust? [J]. University of Pennsylvania, 2019 (8): 165.

❹ 王延川. 智能合约的构造与风险防治 [J]. 法学杂志, 2019 (02): 50.

裁判结论，以权威性、终局性的方式解决争端。而将法院打造为"超级用户"的方式，无疑赋予了其本不该具有的执行权和处理权，属于不当扩张法院的权力范围。法院虽设有执行庭，以增加裁判的权威性和有效性，但判决内容的具体执行不是由法院直接完成的，而是由法院督促具有相关执行权限的部门或个人实现的。比如，监狱收押犯罪嫌疑人、银行冻结老赖资金等都不是由法院直接完成的。这样的制度设计是为了防止司法机关权力过大导致的权力不可控，赋予法院"超级用户"的权限显然突破了法院的权力限制。法院对智能合约法律效力的影响应停留在判断权的原位，具体的撤销、改写等操作应由智能合约平台提供者完成。

法院在做出智能合约法律效力判断时，存在智能合约的管辖权问题。对此，新主权论的观点认为，区块链应享有独属于自己的管辖权，通过设立专门的区块链智能合约管辖法院，适用专属于区块链智能合约的规则予以规制是最好的办法。❶ 与此相对，国家管辖论的观点认为，发生在一国内的智能合约纠纷应适用该国的管辖规则。而发生在不同国家、地区间的智能合约纠纷，可以适用区域协商等方式予以解决。❷ 前者有意图分割区块链智能合约与传统法律制度之嫌。区块链智能合约作为可以应用于私法和公法的特殊应用程序，确实具有其特殊性，但其能为私法和公法有关权利义务的相关规定所约束。就区块链智能合约设立专门法院、适用新的规则等办法过度夸大其特殊性，属于成本较高、实际收益又很低的一种办法。

---

❶ 夏庆锋. 区块链智能合同的适用主张 [J]. 东方法学, 2019 (03): 39.
❷ 夏庆锋. 区块链智能合同的适用主张 [J]. 东方法学, 2019 (03): 39.

第二节　非自动履行条款使用者的权利救济

智能合约的"弱中心化"运行模式和规制体系的建构旨在规避风险，保证智能合约的合法运转。但非自动履行条款对当事人财富的聚集使得权利错配和权益侵害的发生无可避免。如何使权利归位，如何救济当事人的合法权益，是非自动履行条款使用过程中需要关注的重要问题。

一、责任承担主体的明确

在事后权利救济上，由于区块链追求用户的匿名性，一旦发生争议，当事人知道的可能只是对方的用户名，这给仲裁与诉讼的提起带来一定的困难。匿名的特点带来的是执法成本的增加，违法行为可能因此难以补救。用户唯一可以确定的实体只有区块链智能合约的提供商，但在不存在技术漏洞的情况下，寻求技术提供商的责任承担也不会那么容易。❶

就区块链智能合约代码引发的损害赔偿而言，出自人类之手的智能合约难免存在疏漏。由此引发的迟延履行问题，可能给交易方带来巨额的金钱损失。在传统交易中，个人银行账户在受到黑客入侵后，用户可以通过其与银行之间的储蓄合同以及信义关系寻求救济。但在区块链智能合约交易中，被添加在智能合约中待履行的虚拟货币被黑客窃取后，软件平台并不存在任何财产保

---

❶ McKinney S A，Landy R，Wilka R. Smart contracts，blockchain，and the next frontier of transactional law ［J］. Wash. JL Tech. & Arts，2017，13：313.

管义务，若该区块链智能合约采用开源系统开发，则该平台的开发人员甚至可能无法识别。❶

区块链智能合约因自身漏洞被黑客袭击时的责任承担也存在争议。以 2016 年 DAO 遭受的黑客攻击为例。由于 DAO 区块链智能合约存在漏洞，黑客成功转移了 DAO 360 万个以太币（时值3000 万美元），导致其众筹项目被迫解散，由此引发发起人、支持者与平台的责任承担问题。在这一事件中，除却黑客理应承担的侵权责任与刑事责任，有关区块链智能合约设计者、平台是否应当承担责任的争论也一直存在，而平台责任承担的法理基础即为其与当事人之间签订的协议，以及其可能存在的财产安全保障义务。除却区块链智能合约本身的问题，软件编写器以及编写员都可能在编写智能合约的过程中出现错误，由此引发合同当事人的损害赔偿问题，亦需法律解决。DAO 360 万个以太币的损失给区块链智能合约的交易安全问题敲响一次警钟。一般而言，智能合约主要的参与主体和责任承担主体包括：

第一，交易当事人。交易当事人可能是双方，也可能是多方，这取决于区块链智能合约的应用场域。交易当事人是使用智能合约进行交易的自然人、法人、非法人组织。交易当事人之间可能是合同关系，也可能是合伙关系等。交易当事人承担的多为相互之间不履行或者不当履行义务的责任。

第二，智能合约平台提供者。智能合约平台提供者依托区块链技术，为交易当事人提供去中心化、不可篡改、自动执行的技术支持。在智能合约交易中，平台提供者的定位十分重要，其具

---

❶ McKinney S A, Landy R, Wilka R. Smart contracts, blockchain, and the next frontier of transactional law [J]. Wash. JL Tech. & Arts, 2017, 13: 313.

体地位可从两个方面进行区分：第一，由于所有智能合约交易都发生于该平台上，智能合约平台提供者和交易当事人之间形成平台服务提供和接受的合同关系。从这一点来看，智能合约的平台提供者类似于我国《电子商务法》规定的电子商务经营者，需要受到《民法典》合同编、《电子商务法》有关电子平台服务提供相关法律的规范，承担一定的私法责任。第二，在有的智能合约中，平台提供者会在交易的部分环节，对智能合约的运作进行监管，如智能合约的上传、发布，争议的解决等。此时，平台提供者需对其参与的监管事务承担一定的监管责任。

第三，智能合约制作者。这类主体在传统交易中并不多见。若智能合约制作者由智能合约平台提供者雇用，则其与平台之间形成合同关系或劳动关系。当事人直接向制作者购买智能合约，形成的是买卖合同关系。但无论是哪种关系，智能合约制作者承担的多为智能合约的设计责任。

第四，区块链的其他使用者。区块链的每个使用者即为一个节点。智能合约去中心化、不可篡改的特点依靠的是区块链上每个节点的见证与记录。区块链的其他用户扮演的只是诚实见证并自动记录交易发生的作用，不与上述三类主体形成任何法律关系，一般不承担损害赔偿的法律责任。

二、权利救济方式的选择

智能合约的"弱中心化"旨在矫正技术狂热者对"去中心化"的绝对坚持，规避智能合约可能引发的交易风险。智能合约使用者点击"同意"非自动履行条款的那一刻，即意味着其同意了匿名、不可篡改、去中心或弱中心的交易模式。但"算法合谋""算法霸权""算法黑箱""算法短视"等给这些对智能合约算法一无所知的"外行人"带来不可预知的财产权益侵害风险。^❶ 因此，除却事前确定合理的权威第三方从而保障当事人财产不受侵害，完善的事后权利救济机制也十分重要。

有关智能合约引发的责任承担问题，分析者常陷入这样一种误区：若智能合约不是合同，如何用《民法典》合同编的规定予以规制。这种观点其实混淆了智能合约以及包含智能合约的合同这两者之间的关系。智能合约有时包括合同中的所有条款，但大部分时候由于无法将提示性条款与程序性条款编程，而只是合同的一个组成部分。因此，在讨论因智能合约导致的责任承担问题时，可以将其纳入上位的违约或侵权责任范围内考量。具体承担的责任类型包括：

第一，违约责任。智能合约从规则的形成到最终执行是由第三方提供区块链、分布式账本、强制履行程序等技术支持的。^❷ 因此，有关智能合约的违约责任应做区分对待。首先，在智能合约的运行过程中，由于一方当事人不履行约定义务导致另一方受到损失的，理应承担违约责任。该违约责任不一定写在自动履行条款中，也不一定由智能合约强制执行，其可能写在非履行条款中或由法律规范直接规定。其次，若因智能合约的设计问题导致合同当事人无法正常履行合同的，智能合约平台提供者理应承担相应的违约责任。该违约责任源于平台使用者与平台提供者之间就该智能合约的使用所缔结的服务合同约定。易言之，若平台提供者就智能合约做出过任何安全性承诺，则智能合约的使用者可以

---

❶ 张欣. 连接与失控：面对算法社会的来临，如何构建算法信任？[N]. 法治周末，2019. 5. 30：12.

❷ 向伟静，蔡维德. 法律智能合约平台模型的研究与设计 [J]. 应用科学学报，2021，39（01）：109－122.

依此向其寻求违约责任的赔偿。

第二，侵权责任。侵权法保护的客体，必然会随时代和科技的进步而有所发展。[1]智能合约对交易模式的创新，使新的法益需要得到侵权法的保护。若权益侵害发生在智能合约的当事人之间，当事人在特定交易关系的支持下，完全可依《民法典》的总则编、合同编或《票据法》、《证券法》等的规定寻求救济，适用《民法典》的侵权责任编没有必要且难以获得支持。因此，智能合约的侵权责任主要适用于智能合约平台提供者与外部侵权人。智能合约平台提供者故意或过失修改智能合约导致当事人受有损失的，发生请求权竞合。合同当事人既可以如上文所述寻求违约责任救济，也可以借助侵权行为、侵权的故意/过失、损害结果以及因果关系四要件的证明寻求侵权责任赔偿。在外部侵权人损害智能合约当事人利益时，受到损失的当事人、平台提供者都可依据《民法典》侵权责任编的规定要求赔偿。此外，智能合约使用者利用智能合约侵害他人权益的，智能合约平台提供者在被告知后，应尽快就该智能合约做出删除、修改、屏蔽等必要的补救措施。未及时采取补救措施的，智能合约平台提供者应就损害扩大的部分与侵权行为人承担连带责任。智能合约平台提供者知道使用者利用智能合约侵害他人民事权益，未采取必要措施的，应与使用者一起承担连带责任。

智能合约引发的侵权责任承担中一个比较特殊的是多数人责任的问题。多数人责任是指，不同侵权行为人导致同一损害结果的发生，在第三人或者交易当事人利用智能合约漏洞侵害被侵权人权益时，智能合约的提供商理应就损害结果承担连带责任。这

<hr/>

[1]　汪君.论公法作为"保护他人的法律"[J].西部法学评论，2020（05）：13－23.

是出于智能合约使用者利益保护的考量。毕竟智能合约的使用者在不了解交易对手方和黑客的情况下，只能向智能合约的提供者寻求赔偿。且智能合约的提供者也有保障区块链智能合约安全的义务。在进行赔偿之后，智能合约的提供者可以向实际侵权人进行追偿。

第三，其他法律责任。由于智能合约可以大幅降低交易成本，提高交易效率，其最广泛的应用必然是在金融交易领域。❶ 如果缺少必要的监管，智能合约的强制履行可能会被别有用心者利用，从而在短时间内聚集大量财富，导致行业垄断、操纵市场等破坏市场秩序行为的出现。此时，《公司法》《票据法》《证券法》等都能在各自领域为广义智能合约的使用提供规范指引。不仅如此，由于智能合约的交易都发生在特定的平台上，这使得智能合约平台提供者要像《电子商务法》规定的电子商务经营者，需要遵循《电子商务法》的约束。平台提供者应依法收集、使用用户信息，提供服务，承担产品和服务质量责任、人身财产安全保障责任、知识产权、用户信息保护责任等。此外，无论是否明示，智能合约的设计者、平台提供者、使用者都应该保有诚实信用，遵守最基本的注意义务。

行文至此，可以对智能合约应然的性质和规制路径做简单小结：智能合约有广义与狭义之分。狭义的智能合约仅指"if A then B"的"自动履行条款"，在私法上属于法律行为中的负担行为。广义的智能合约由"自动履行条款"和"非履行条款"组成。"自动履行条款"的强制履行功能有违意思自治，应受到使用规则与

---

❶ McWaters R J, Galaski R, Chatterjee S. The future of financial infrastructure: An ambitious look at how blockchain can reshape financial services [C] //World Economic Forum. 2016, 49: 368–376.

技术的双重限制。"非履行条款"虽不直接关涉义务履行，但绝对去中心的交易模式，导致当事人有财产权益受损之虞。改"去中心化"为"弱中心化"，保留适度的监管，为"非履行条款"使用者提供必要的权利救济，能够在牺牲部分交易效率的情况下，保证智能合约的使用安全。

第五章

智能合约的公私之治

区块链与以此为技术支持的智能合约跨越国界，具有天然的国际性。技术层面而言，虽然智能合约借助网络和计算机技术即可创建，但个人的技术水平和资金支持都十分有限，依托区块链的智能合约往往都由科技公司进行创建。科技公司作为有登记注册地的法人，虽具有明显的国别属性，但网络与技术使用的无差别使得智能合约的交易主体、交易标的都可能归属于不同的辖域（jurisidiction）。一旦产生争议，管辖权的确定、判决的承认与执行、跨国交易的监管等问题都需要在国际法律层面做出解答。

第一节　智能合约的国际私法问题纾解

区块链设计之初即以去中心为技术建构的核心。以此为技术基础，区块链智能合约交易呈现出"无国界"特点。区块链智能合约交易的便捷性，使其在跨境交易中有较大应用前景，但若出现交易争端，现有国际私法尚无明确的争议解决规则。

相较于传统交易，智能合约管辖权确定的难题在于，在加密技术的匿名处理下，当事人的身份与住所难以确定，这使得传统的管辖权确定规则，如属地管辖原则或属人管辖原则等难有用武之地。

此外，智能合约的法律适用问题也较为复杂。在许多国家并无立法明确承认智能合约效力的情况下，若当事人之间未约定法律选择条款和争议解决条款，如何以传统的国际私法规则判断智能合约争议的解决办法存有疑问。而智能合约在各国立法中所处的真空状态更是为相关裁决和判决的承认与执行增添了不确定性。因此，如何确定管辖权、如何确定适用的法律、如何保证裁决或判决在他国的承认与执行是智能合约在国际私法上的核心问题。

一、管辖权确定难题

目前，国际私法有关管辖权的确定原则有属地管辖原则、属人管辖原则、协议管辖原则和专属管辖原则。属地管辖原则和属人管辖原则的使用以当事人住所、标的物所在地、争议发生地等信息的确定为前提，这一切都要求确认当事人身份信息。然而，智能合约交易匿名性的特点使得当事人的姓名、住所、标的物所在地等信息难以探查，这导致属地管辖原则和属人管辖原则在智能合约的跨国交易冲突中存在适用困难。此外，由于智能合约交易在商事领域应用的前景并不明朗，各国不太可能认同他国对智能合约的专属管辖权。相较而言，当事人事前或事后的协议管辖是目前认可度较高的智能合约国际争议管辖确定规则。但并非所有的管辖争议都能在当事人之间取得一致同意，智能合约的国际争议解决仍需找到合适的管辖确定原则。

为解决上述问题，智能合约交易匿名性的突破成为需要解决的首要问题。对此，我国《区块链信息服务管理规定》第八条和第十一条分别规定了区块链服务提供者的实名登记义务和服务信息提供义务。这意味着使用我国区块链及智能合约服务的当事人需进行实名认证，属地管辖原则和属人管辖原则的适用相对容易。然而，美国、加拿大以及欧盟各国目前对智能合约与区块链平台依旧保留了匿名的特点。不同辖域的制度差异使得属人原则和属地原则在智能合约的国际争议的解决中依然存在困境。

二、法律冲突与法律适用难题

涉外民商事争议解决中的法律适用确定规则以连接点的确定为前提。连接点又可细分为属人连接点和属地连接点。在属人连接点的确定上，智能合约存在与前文相同的问题。而在属地连接点的确定上，由于智能合约交易的缔结、价款的支付都在去中心化的区块链上完成，这使得属地连接点的确定失去了传统意义上的地理考量因素。针对这一问题，首先应对智能合约进行分类。从义务履行的角度出发，智能合约交易可以分为全链上交易和半链上交易两大类。前者以虚拟物的买卖、区块链证券的交易为典型。比如，在买卖虚拟游戏装备或区块链证券时，当事人可以完全依据区块链支付价款获得游戏装备或数字证券，无须任何线下实体交易。后者则可能存在于汽车租赁、房屋买卖等诸多交易领域。这些交易的共同点在于，除区块链上的货币支付外，仍具备一定的线下义务履行。如汽车的交付、房屋的登记等。对于半链上交易而言，由于其仍具有实体义务履行，智能合约的履行地、物之所在地都能得以确认，此时可适用传统国际私法的属地连接点规则，以确定当事人之间应适用何种法律。对于全链上交易，传统的属地连接点规则确有适用困难，有进一步分析论证的必要。

　　在国际层面，目前尚无专门的智能合约法律适用规则，但智能合约与区块链技术在国际贸易与金融领域的应用已经受到国际组织的广泛关注。2017 年，国际掉期业务及衍生工具协会（International Swaps and Derivatives Associationm，ISDA）与年利达律师事务所（Linklaters LLP）联合发布《从法律视角看智能合约与分布式分类账本》白皮书，阐明了智能合约与分布式分类账本技术在衍生工具产品中应用的可能，并提出了许多法律思考。2018 年，世界贸易组织（World Trade Organization，WTO）发布《区块链变革国际贸易》报告，分析了区块链及相关技术对国际贸易的影响和可能的发展趋势。2020 年 3 月 4 日，国际商会（International Chamber of Commerce，ICC）发起数字贸易标准倡议（Digital Standards Initiative，DSI），旨在制定更有效的数字化贸易标准，加强基于区块链的网络与数字平台的操作性。

　　之所以存在法律冲突和适用上的难题，除却国际法的缺失，各国对智能合约立法的缺失也是主要原因之一。在各国内部，美国的佛罗里达州、内布拉斯加州、俄亥俄州、佛蒙特州、亚利桑那州、田纳西州及纽约均认可智能合约具有法律效力。❶ 白俄罗斯则在《关于发展数字经济的法令》中，将智能合约规定为在区块链上运行的用于自动执行交易或其他法律行为的程序代码。在德国，联邦政府发布的《区块链战略》虽将区块链及其技术应用的普及作为重要的战略目标，但依然未就智能合约的相关内容给出

---

❶ Smart contract legislation updates by state ［EB/OL］. (2020 – 05 – 02) ［2021 – 04 – 23］. https：//www. sagewise. io/ smart – contracts – state – legislation.

定义。在英国，法律科技交付工作组（Lawtech Delivery Panel）的英国区工作组发布《关于加密货币和智能合约的法律声明》指出，准确定义智能合约是一件困难且可能没有意义的做法。

由此可见，即使是智能合约的法律性质的确定这一基本问题，在国际社会以及各国的法律文件中都一直处于不确定的状态，甚至部分国家还认为智能合约性质的确定是没有意义的。必须承认的事实是，目前国际社会和各主权国家都没有针对智能合约交易的专门法律规定，其法律适用问题在各国尚未解决，更遑论国家间的冲突解决了。

三、判决或裁决的承认与执行难题

作为加强国家间交易的重要手段，智能合约交易涉及两个或两个以上辖域的情形并不少见，其案件争议的解决势必需要得到外国的承认与执行。由于《纽约公约》的存在，智能合约仲裁的承认与执行相对而言要简单许多。而各国目前有关区块链、智能合约、虚拟货币的法律属性、权利内容、制度安排都存在较大差异，且立法极为有限。考虑到智能合约的主要功能是与传统民商事交易结合以提高交易效率、降低交易成本，故一国有关涉外智能合约交易判决的承认与执行，可在既有民商事案件判决承认与执行公约上寻求突破。

检索现有国际公约，1968 年 9 月 27 日，欧洲共同体国家曾在布鲁塞尔签署《布鲁塞尔关于民商事案件管辖权及判决执行的公约》，就欧洲共同体国家的民商事案件的承认与执行做出统一规定。然而，该公约只限于欧共体内部，不具有更广范围的约束效力。1999 年 10 月，《民商事管辖权及外国判决公约》草案在海牙会议上公布，但由于分歧巨大，谈判内容逐步缩小到法院协议上。

2005 年 6 月 30 日，《选择法院协议公约》在海牙国际司法会议上通过。直至 2019 年 7 月，《承认与执行外国民商事判决公约》才填补了国际私法领域合作的空白。未来，《承认与执行外国民商事判决公约》极有可能成为智能合约跨国争议案件承认与执行的重要国际协同治理参照，但该公约不具有区块链智能合约类案件的针对性，在各国有关智能合约定义不一的情况下，智能合约类案件的承认与执行的具体规则仍有待商榷。

四、智能合约国际私法争议的解决方案

区块链和智能合约技术的创新，不仅为跨国交易提供了便利，也在无形中促进了跨境争议解决机制的发展。借助区块链技术，各种新型在线争议解决系统得以构建，传统的仲裁和审理机制也有了新突破，但立法的滞后给智能合约实体争议的解决提出了疑问。因此，前述智能合约的问题，需要在参考既有规则的同时，寻求与国际争议解决机制新发展的有机结合。

（一）仲裁地和法院所在地的确认

智能合约跨国争议管辖权和适用法的确定，以及申请承认与执行等都离不开仲裁地和法院所在地的先行确认。

1. 仲裁地的确认

在仲裁地的确认问题上，目前有仲裁员所在地说、服务器所在地说、网址所有者或控制者说以及非内国仲裁说、仲裁本座地说五种常见理论。仲裁员所在地说的问题在于，其难以适应网络仲裁的新发展。网络仲裁的仲裁员是随机且匿名的，这意味着仲裁员可能不仅属于不同国家，甚至还会完全匿名，根据仲裁员所在地判断仲裁所在地存在困难。服务器所在地说的问题在于，智能合约的跨国交易特性使当事人的服务器所在地各异，这意味着

通过当事人服务器所在地确定仲裁地和法院所在地没有意义。网址所有者或控制者说的问题在于，智能合约交易的网络地址可能基于网络原因、经济原因会选择不同辖域的地址。若以网址所有者或控制者所在地为仲裁地的确认标准，具有一定的随意性。

非内国仲裁说认为，区块链智能合约仲裁的结果不受仲裁地国家的法律约束，无须仲裁地国家的法律承认，该仲裁结果在申请执行前不受任何国家的影响，一个国家只拥有承认并执行或不承认并拒绝执行仲裁裁决的权力，故没有必要确定仲裁地，只需根据当事人选择的程序和适用法做出裁决即可。该学说强调当事人的意思自治，意图使智能合约摆脱仲裁地国家的法律限制，以发展出智能合约的国际通行争议解决办法。然而，当事人出于经济利益、裁决偏向性的考虑，往往难以就仲裁的程序和法律适用问题达成一致，非内国仲裁说由此便失去了实际意义。

所谓仲裁本座地说，指的是当事人共同选择仲裁地，或者由仲裁机构确定仲裁地。仲裁地是指仲裁程序法律上的进行地，并非仲裁程序实际上的发生地。也就是说，即使仲裁的相关事项如开庭、合意等发生在仲裁地以外的国家，但仲裁地仍视为当事人约定或仲裁机构确定的仲裁地国家。首先，仲裁将自治性作为重要原则之一，为各国立法和裁判机关所认可。《国际商会仲裁规则》《英国皇家特许仲裁员协会仲裁规则》《中国广州仲裁委员会网络仲裁规则》《中国国际经济贸易仲裁委员会网上仲裁规则》《2018 香港国际仲裁中心机构仲裁规则》《伦敦国际仲裁院 2020 年仲裁规则》中都能看到尊重当事人对仲裁地选择的规定。因此，尊重当事人的意思自治是本座说符合基本仲裁原则的体现之一。其次，仲裁本座地说更符合网络仲裁的特点，网络地址或网络审判所在地并不重要，只要确定了仲裁地，无论裁判员来自哪国，网络地址隶属哪个辖域，仲裁地不会因此而改变。因此，仲裁本座地说是较为合理的智能合约仲裁地确定学说。

2. 法院所在地的选择

关于法院所在地的选择，目前国际法上最为重要的是 2015 年10 月 1 日正式生效的海牙《选择法院协议公约》。根据该公约，当事人之间必须具有排他性的法院选择协议，该协议是判决做出地法院享有管辖权的前提。若坚持绝对的去中心化和匿名性特点，智能合约交易的行为发生地、行为结果发生地、当事人所在地等都将面临确定困难。存放在网络空间的财产和虚拟货币也不存在地理意义上的归属，这使得以当事人意思自治为首要原则的《选择法院协议公约》能较好地解决智能合约争议案件的管辖问题。一旦当事人做出选择，即使诉争案件与法院所在地没有任何实质性联系，当事人的排他性法院选择协议依然应被尊重，未被选择的法院应履行撤销、中止或拒绝诉讼的义务。然而，考虑到部分国家有关协议管辖的规定要求诉争案件必须与管辖法院具有一个以上的实质意义联系。因此，《选择法院协议公约》有关协议选择原则的适用仍应受到各国实际联系原则的限制。

去中心化和匿名性虽是区块链智能合约的重要技术特点，但随着研究人员逐渐意识到智能合约的使用风险，未来智能合约交易绝对匿名的可能性较小。此外，去中心化的智能合约依然需要平台进行技术发布和技术维护，而智能合约的发布平台必然具有国别属性。这也意味着至少有部分智能合约交易是可以确定当事人和发生地的信息的。各国在国外民事诉讼中法院行使管辖权的主要关联因素划分为当事人的国籍、财产所在地、侵权行为、被告住所地或惯常居住地、当事人之间的协议管辖地、合同签订地与履行地等。对于可以确定连接点的智能合约争议，当事人协商不成时，智能合约争议案件应适用法定管辖。此时，宜根据《选择法院协议公约》中的连接点确定法院的管辖权。

（二）智能合约的国际私法适用

1. 保障各国立法的独立性

如前所述，智能合约目前作为一种处于发展和探索阶段的交易载体，其在诸多民商事领域均有应用可能。在此背景下，各国有关智能合约的立法尚不完善，有关智能合约、区块链以及虚拟货币的认识也各不相同。在智能合约的技术发展尚处于探索阶段的当下，各国立法的独立性应得到维护。对此，以下两项措施应当并举：一是允许各国立法排斥域外智能合约相关法的适用；二是各国应恰当厘定智能合约的国际私法规则。

（1）允许各国立法排斥域外智能合约相关法的适用。

各国有关智能合约的立法态度十分重要。它不仅表明各国有关智能合约、区块链和虚拟货币的相关立场，也关系到智能合约交易参与方在通过国际私法规则选择适用域外法律时所具有的效果，这其中影响最大的莫过于各国对虚拟货币的态度。部分国家出于对本国经济和法定货币稳定性的考量，不认可虚拟货币的货币属性可以理解。而有的国家则出于对刺激经济交易的考虑，认可了虚拟货币的货币地位。在智能合约跨境争议案件中，不认可虚拟货币的货币地位的国家，不排斥域外智能合约相关法的适用，可能导致虚拟货币通过法院判决的方式在该国具有货币地位，由此冲击该国的基本金融和法律政策，甚至影响特定辖域的金融稳定。因此，各国在国内立法中，应保有立法排斥域外智能合约相关法的适用的权利，这并不是阻碍智能合约发展的举措，而是出于本国实际经济现状考量的稳定之举。这样一来，即使因智能合约跨境争议做出生效判决，一国的基本经济体制也不会受到域外法的冲击，从而达到维护本国金融货币体系稳定的目的。

（2）各国应恰当厘定智能合约的国际私法规则。

虽然一国的法律会排斥域外智能合约相关法的适用，可以为维护该国货币金融体系提供法律依据，但智能合约交易包括众多域外参与方。这些域外参与方之间仍可以借助国际私法规则，选择适用其他法域的法律，从而绕开一国法律的规定，并给该国的货币金融体系带来变数。因此，各国仍应厘定恰当的国际私法规则，避免上述情形的发生。

为防范智能合约交易的参与方通过意思自治等手段引入域外智能合约相关法，损害本国货币金融体系，该国对于智能合约跨国争议的法律适用应采用单边冲突规范的立法。具体而言，可在具体立法中规定，当涉及本国利益时，参与智能合约跨国交易的各直接和间接参与方的权利义务关系，只能适用本国法律。在实际操作中，每吸纳一个参与方加入智能合约交易时，在提供的智能合约中，应包含与上述规定相一致的法律适用的约定条款。

总之，由于智能合约隐含的虚拟货币交易对一国货币金融体系稳定影响甚巨，因此，各国的与智能合约相关的法律规定，若与本国虚拟货币政策相左，应被排斥适用。不止于此，本国的在先规定若与货币政策相左，也应被排斥适用。如此谨慎的原因在于：智能合约交易虽有助于国家间的经济往来，但其依托虚拟货币交易的属性决定了其潜藏动摇一国货币体系稳定的风险。若不加防范，造成的金融影响恐难想象。但超出虚拟货币之外，只影响交易本身的效力、损失赔偿的多少，以及解除权、撤销权的域外法律规定，仍有适用余地。在确定域外法的适用时，应依据冲突规则加以判断。

2. 程序冲突与实体冲突的法律适用

智能合约的域外法律适用若被强制要求遵守统一的国际标准，

势必影响智能合约交易的创新动力，并侵害各国的主权，各国起码应享有对智能合约进行立法的专有权力。因此，智能合约域外法律适用的确定成为关键问题。智能合约域外法律适用的确定有程序问题的法律适用与实体问题的法律适用两部分。对于程序问题的法律适用，国际上的通行做法是由当事人协商确定，若无法协商确定的，适用仲裁庭或法院所在地的程序法。对于在线争议解决，《欧盟网上争议解决（ODR）机制规则》（以下简称《ODR程序规则草案》）建议以裁判地法律为准。鉴于智能合约与网络交易具有相似性，其程序法的适用可参照《ODR程序规则草案》，但依然应保有当事人协商的余地。

至于实体问题的法律适用，为了保持智能合约的效率性以及区块链的独立性，许多研究者尝试在区块链内部寻求争议解决的有效措施。对此，有学者提出了在线争议解决（Online Dispute Resolution，ODR）[1] 和区块链在线争议解决（Blockchain Online Dispute Resolution，BDR）[2] 两种机制。从本质上而言，两种机制都是将智能合约争议公之于平台，由平台用户在解决方案之间进行投票，并以多数票的意见确定最终的争议解决方案。此种方式高效、简便，且能保证智能合约的匿名性与独立性，是技术开发者极为推崇的一种方式。

然而，区块链的这种内部解决机制存在几点问题：其一，争议的解决不具有法律效力。由于是平台内部的解决机制，其不能代表法律的专业意见，更不具有国家强制力保障的法律效力与执

---

[1] Schmitz A, Rule C. Online dispute resolution for smart contracts [J]. J. Disp. Resol., 2019 (7): 103.

[2] Evans T M. Role of international rules in blockchain-based cross-border commercial disputes [J]. Wayne L. Rev., 2019, 65: 1.

行力，即使争议快速解决，未被采纳意见的一方，仍有极大可能选择法律途径解决问题。这种非专业的解决机制在没有强制力保障，且缺乏一定公信力的情形下，很可能会形同虚设。其二，争议解决不具有专业性。由于争议的最终解决方案是由平台用户投票选出，这使得大量非专业用户被卷入其中，在不了解专业技术知识、交易知识、法律知识的情况下，这种"公众审判"容易被利用，带来不公正的结果，甚至引发网络暴力。其三，缺少协商过程。即使是专业的仲裁、审理，都会为当事人留有必要的协商机会。这是因为争议的解决往往不是你胜还是我赢的两择判断。在胜诉与败诉之间，当事人之间往往可以自行协商或在法院主持下协商出双方都能接受的解决方案。可无论是在线争议解决还是区块链在线争议解决，协商机制的缺失都使得其对争议的解决方式过于单一，也不利于双方权利的平衡与利益的维护。因此，智能合约法律争议实体问题的解决，应充分吸收《ODR 程序规则草案》与传统冲突规则的有益部分。

　　对此，国际上的通行做法是由当事人协商确定，若无法协商确定的，依据冲突规则确定适用的法律。对于网络交易案件的审理，《ODR 程序规则草案》规定，应根据合同条款、商业习惯等，做出公平善意的决定。《ODR 程序规则草案》采纳的是非当地化理论，❶ 即不以特定国家的法律为审判依据，强调商业习惯和公平正义的基本原则。然而，这样的审理不适宜在智能合约交易中推广。就目前而言，智能合约交易中存在大量的虚拟货币交易。而各国有关虚拟货币的认可度、规制方法都差异较大。所谓的公平善意很难适应所有国家的基本金融和法律政策，由此甚至

---

❶ 薛源. 跨境电子商务交易全球性网上争议解决体系的构建 [J]. 法学杂志，2014 (04)：95－103.

可能影响特定辖域的金融稳定，冲击一国的金融法律体系。因此，智能合约实体问题的法律适用仍应依据冲突规则确定适用何种法律。

（三）仲裁裁决和法院判决的承认与执行

智能合约的最初发展虽以数字资产为主，但随着其与物联网等技术的不断融合，智能合约的应用场域已扩大到实体资产交易领域。DigixDAO 平台就是这方面的先驱，通过将实体资产记录在区块链上，实现实体资产交易的自动履行和可追踪。相较于数字资产而言，实体资产存在地域属性，往往需要实体资产所在国的协助执行，由此产生裁判的承认与执行问题。首先，若执行的标的物在裁判做出国国内，理应适用该国的法律规定。其次，若执行的标的物在裁判做出国国外，则需分"仲裁裁决的承认与执行"和"法院判决的承认与执行"两种情况讨论。

对于前者，若申请执行地是《纽约公约》的缔约国，则适用《纽约公约》有关裁决的承认与执行的规定；若申请执行地不是《纽约公约》的缔约国，则需根据裁决做出地和申请执行地之间的双边条约、申请执行地本国的法律以及申请执行地参与的国际公约的相关规定做出判断。

至于"法院判决的承认与执行"问题，《承认与执行外国民商事判决公约》的适用范围较窄，且缺乏区块链、智能合约科技上的针对性，未来国际社会应积极推动有关智能合约案件判决的承认与执行的国际公约缔结。在该公约中，各国应以互惠为原则，并要求国外判决不得违背申请执行地法律的基本原则或者国家主权、安全、社会公共利益。互惠原则在理论上有外交互惠、法律互惠和事实互惠三种标准，各国的外国判决承认与执行目前一般以事实互惠标准为主，即外国法院已经有承认和执行内国判决的先例。而一旦外国有拒绝承认和执行内国判决的先例，内国法院也会基于此"事实"拒绝外国法院的判决，由此形成恶性循环。特别是在智能合约交易中，由于各国之间的智能合约交易和判决刚刚起步，若以事实标准加以判断，互惠原则在各国之间难有激励作用，却可能成为外国判决承认与执行的"拦路虎"。互惠原则从"投桃报李"变为"以牙还牙"，已是国际社会的现实情况。[1]在智能合约及各种数字金融磅礴发展的当下，国际贸易、投资将不断深化，互惠原则需要回归"投桃报李"的制定初衷。实际上，我国于 2015 年 7 月由最高人民法院发布的《关于人民法院为"一带一路"建设提供司法服务和保障的若干意见》和 2019 年 12 月发布的《关于人民法院进一步为"一带一路"建设提供司法服务和保障的意见》，已在多处进行法律适用、判决承认与执行的放宽，以促进互惠关系的建立。这意味着我国的互惠原则已从事实互惠扩大到国家层面的法律互惠。为进一步促进智能合约案件跨境审理的有效性，互惠原则的扩大化应是国际社会共同努力的方向。

（四）探寻智能合约网络仲裁新机制

伴随着区块链与智能合约技术的不断发展，现有立法已明显落后于技术的发展，加之目前各国对智能合约的立法还参差不齐。故有学者提出，应构建全新的智能合约特有的解决机制。[2]

相较法院裁判，以网络仲裁的方式解决智能合约法律适用争议，具有一定优势：其一，仲裁的管辖权由当事人意思自治决定，

---

[1] 李沐子. 知识产权争议解决的国际协同治理——以判决的承认与执行为视角 [J]. 重庆社会科学，2021（11）：62.

[2] Schmitz A，Rule C. Online dispute resolution for smart contracts [J]. J. Disp. Resol.，2019（7）：103.

即使当事人的身份信息完全匿名，依据其真实意思表示，也能确定合适的仲裁庭。其二，智能合约交易往往由多国的公民或企业参与，网络仲裁使得当事人可以在异地完成举证和辩论，能够大幅降低争议解决的金钱成本和时间成本。其三，网络仲裁往往会聘请相关行业的专业人士辅助仲裁，在智能合约交易具有较强科技属性的情况下，这种方式能为争议的解决提供重要帮助。其四，在《承认及执行外国仲裁裁决公约》（以下简称《纽约公约》）的推动下，仲裁结果较易获得外国承认，并予以执行。❶

智能合约网络仲裁的选择有两种途径：一是通过事后协商选择网络仲裁；二是在智能合约中签订仲裁条款。前者属于当事人的自由意志下的选择，无太多理论争议。问题在于后者如何保证智能合约中的仲裁条款合法有效。首先，对此应在网络仲裁条款中写明仲裁的理由，这样可以防止仲裁条款因违反仲裁地法院的规定而不予仲裁。其次，网络仲裁条款应使用可靠的电子签名。在电子签名可靠性的确保上，电子认证、密钥算法、数字签名、数字证书和可信时间戳五种基础的电子签名安全技术都可以在智能合约中得到运用。

当仲裁裁决生效之后，网络仲裁可以通过区块链智能合约技术，实现仲裁结果的自动执行。具体而言，可在智能合约中加入自动执行仲裁裁决的程序，❷借助多重签名机制，在裁决生效之后，网络仲裁机构可以使用第三方私钥启动裁决结果的执行程序，这样既能维护裁决的权威，又能更好地保证网络仲裁的实际

---

❶ Shehata I. Smart Contracts & International Arbitration [J]. Available at SSRN 3290026, 2018 (8): 98.

❷ Ortolani P. The impact of blockchain technologies and smart contracts on dispute resolution: arbitration and court litigation at the crossroads [J]. Uniform law review, 2019, 24 (2): 430 - 448.

效力。

　　考虑到网络仲裁的积极作用，2017 年 7 月，Code Legit 成为全球首个智能合约仲裁平台。此后，美国 Kleros、OpenLaw 等仲裁平台也相继投入运营。目前，在国际贸易中，已建立智能仲裁与调解区块链应用（Smart Arbitration & Mediation Blockchain Application，SAMBA）仲裁平台。当事人只要在智能合约订立前或出现争议后，将智能仲裁与调解区块链应用的商业仲裁模型条款发送到区块链上的"仲裁图书馆"（Arbitration Library），仲裁图书馆就会把指令传达到双方事先或事后约定的仲裁机构，并组成仲裁庭。仲裁庭依据区块链仲裁规则（blockchain arbitration rules）确定争议方的权利义务关系，并在裁决生效后修改或终止智能合约的履行。以此为契机，可以探索建立网络仲裁的跨国平台。为了保证仲裁的权威性和专业性，该平台可由各国仲裁机构合作建立。一旦仲裁裁决做出，可采用技术加密措施保证仲裁裁决的安全传输，实现各仲裁机构之间的交流和沟通，并在互惠互利的前提下保证仲裁裁决在外国的承认与执行。

第二节　智能合约的国际监管问题：
以金融监管为代表

　　智能合约交易不以民商事交易为限，其简便高效的特点使其在诸多领域有更广阔的应用前景。即便是民商事交易，各国和国际社会也应进行必要的正当性规制和监管。下面以金融监管为主要代表和例证，考察智能合约的国际监管问题。金融监管传统上是一种中心化的监管体系。与此相反，区块链智能合约是以"去

中心化"为核心构建的新型交易模型。区块链智能合约催生下的
去中心数字金融运营方式，在缺少有效跨国监管机制的情况下，
容易冲击全球金融市场的稳定。因此，智能合约的国际规制不仅
是法律适用与法律冲突解决的问题，更为关键的是如何协调好跨
境数字金融交易的监管问题。

一、智能合约与现有监管制度的适配性检视

法律的适用要求目光不断在事实与规范之间穿梭往返。智能
合约作为新的交易模式，已成既定事实，其能否匹配既有监管制
度规则，需要逐个检视并予以明确。

（一）分散监管之弊端

谁有权监管全球的智能合约交易？这一问题涉及国家管辖范
围的外部界限。国际常设法院（Permanent Court of International
Justice，PCIJ）曾在荷花号（Lotus）❶案中确立这样的标准：一国
有权对影响该国或该国公民法益的行为行使管辖权。从该案件判
决可以看出，国际常设法院不认为属地原则应该成为一国管辖权
的限制，只要涉及该国利益，一国有权对发生于其领土之外的事
件采取行政或刑事措施。由于智能合约交易往往发生于不同国家
公民或组织之间，因此具有全球可用性（global availability）。若
以前述标准为指导，受影响的所有国家都有权监管智能合约及其
交易。这一观点与各国的监管利益直接挂钩。一国的监管利益并
不因智能合约服务提供商所在地的不同而受到影响。从国际公法
的角度看，智能合约交易损害一国公民或企业利益时，无论服务

---

❶ Spiermann O. International legal argument in the permanent Court of International Justice：
The rise of the international judiciary［M］. Cambridge：Cambridge University Press，
2005.

提供商是否在其境内，该国都有权保护该国公民及企业的利益。当智能合约进入金融与投资领域，一国的监管甚至有避免国外系统性风险向国内渗透的价值，这必然要求各国在域外适用本国法。

以上做法势必带来重复监管。依托智能合约进行的交易和投资将在各国面临不同的监管标准，从而导致额外的合规成本。随着智能合约交易的扩大化，合规成本也会与日俱增。智能合约的价值在于给全球不特定的人提供无差别的服务，但监管的不同将导致其必须适应不同的规定，从而做出调整。这可能完全抵消引进新技术的好处。问题并非源于监管本身，而是源于各国监管的分歧，重复和矛盾的监管标准将极大损害智能合约的商业发展，并抹除其优势。更为严重的是，即使一开始在各国之间划分了具体的监管权限，随着智能合约商业模式的进一步发展，该权限分配将再次处于落后甚至无效状态。因此，有必要在各国之间形成一种最低限度的监管标准，以维护智能合约的创新价值。

（二）联合监管之不足

仍以金融监管为例，由国际清算银行（Bank for International Settlements，BIS）下属的巴塞尔银行监管委员会（Basel Committee on Banking Supervision，BCBS）制定协议，这可能是跨境金融公司管辖最古老的方式。❶ 在此模式下，银行的偿付能力和流动性要求为母国监管机构所控制。这意味着银行或银行集团的东道国会控制业务的方方面面，特别是对客户行为的控制。此种监管模式如图 5 -1 所示。

---

❶ Goodhart C. The basel committee on banking supervision: A history of the early years 1974 - 1997［M］. Cambridge：Cambridge University Press，2011：96 - 126.

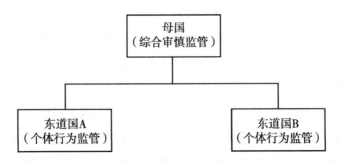

图 5-1 联合监管模式图

然而，这种监管模式与智能合约的交易模式具有严重的不匹配性。智能合约交易可直接从本国向国外客户提供服务，从而达到降低成本、提高效率的目的。而巴塞尔协议模式针对的是通过所在国分支机构、子公司、合资企业来提供服务的交易，这意味着东道国失去了监管的实体。此时，东道国监管当局的唯一选择是迫使智能合约提供商创建本地网站，进而控制该服务在本国的提供。不过，如前所述，智能合约的这种重新本地化并非其特性发挥的最优解，往往带来高额成本，并使其再次趋同于传统交易，破坏商业模式。因此，巴塞尔协议模式的监管制度并不适合智能合约交易。

（三）通行证制度之流弊

通行证制度（passport system）在英国《2000 年金融服务与市场法》中提出。在该制度下，经欧盟任意一国授权的证券公司可以在任何其他参与国提供服务，而无须额外的许可证。借由通行证制度协调监管的方式在欧盟法律中极为普遍，还可适用于股票发行以及各种金融产品交易之中。❶ 此种监管模式如图 5-2 所示。

---

❶ Dalhuisen J H. Dalhuisen on transnational comparative, commercial, financial and trade law volume 2: Contract and movable property law [M]. Bloomsbury: Bloomsbury Publishing, 2013.

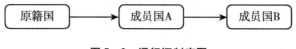

图 5 - 2　通行证制度图

　　然而，此种监管模式的问题有两个：其一，欧盟作为一个发展多年的经济、政治共同体，各国之间具有一定经济、文化、制度发展水平上的一致性，这使得一国通行、他国承认的制度具有可行性。但智能合约面向全球交易市场，各国之间的经济发展水平不一，对新型交易模式的态度和需求也不同，很难在较广范围内达成通行证制度的一致认可。其二，容易引发监管套利。由于各国监管机制的宽严程度不一，但只要在一国得到许可，该智能合约交易即可在他国得到承认，这势必使得服务提供商主动选择在监管最为宽松的国家设立公司。这种监管套利行为引发的另一个问题就是，各国为了吸引投资，可能会出现监管制度上的反向竞争，通过宽松的监管环境换取本国的经济发展。长此以往，一旦某国成为特定地区，乃至全球的金融中心，外加宽松的监管环境，金融风险的发生不仅难以防范，而且容易席卷全球。

　　（四）双边监管协作与单边替代合规之问题

　　依托区块链的虚拟货币、智能合约、加密资产，已逐步褪去其国别属性。但由于缺乏有效的全球数字金融监管合作机制，目前的数字金融监管以双边监管协作与强化单边替代合规（Substituted Compliance）为发展方向。[1] 受其影响，智能合约的跨国监管也将通过双边互助协议或谅解备忘录进行双边监管合作，或在两国监管制度相似的前提下，赋予他国公司无须完全遵守本

----

[1] 王兰.全球数字金融监管异化的软法治理归正 [J].现代法学，2021（03）：109 - 122.

国规则的权限。但两种监管机制都存在明显问题。

其一，双边监管合作是指两个经济体通过签署双边合作文件，约定并履行双边监管合作事务的活动。以此为思路，各经济体之间可以签订涵盖民事和/或刑事等领域的智能合约双边司法协助协定。当一缔约方依据协定提出符合协定的协助请求时，另一缔约方有义务在约定的民事、刑事等法律事务方面提供协助。❶ 然而，双边司法协助协定的问题在于，协助的实现需要遵守严格的程序和条件，可能有损监管合作的效率。双边谅解备忘录因其不具有法律效力，故具有较强的灵活性和一定的针对性。双边谅解备忘录的价值在于，它可以在跨境智能合约监管中起到交换信息、执法合作的作用，并推动监管机构的交流以及相互之间的技术援助。但由于不具有法律效力，在请求协助的约束力上十分有限。

此外，双边监管协作机制只适用于签署互助协定或备忘录的特定国家之间，导致在投入较多对外协调资源的情况下，难以应对区块链智能合约的全球混业型套利。依托区块链的去中心化，智能合约更容易借助网络催生不同消费场景的多元数字金融衍生产品，由此形成高度复杂的数字金融全球混业形态。这意味着智能合约交易的监管需要跨国协调和帮助。双边监管协作虽然在一定程度上能实现两国之间的监管与执行合作。但这种协作往往限于特定的两国之间，且局限于一个或几个部门，实质上与智能合约催生全球混业经营形态的特点不匹配，极易产生协调成本高昂，但实际效率低下的问题。

其二，单边替代合规（substituted compliance）是指一国可以根据外国服务提供者的母国的监管制度是否与本国的监管制度类

---

❶ 韩龙. 金融法与国际金融法前沿问题［M］. 北京：清华大学出版社，2018：260.

似，决定是否单方面豁免外国服务提供者适用其规则。金融霸权地位国家极易借助其霸权地位强推本国的金融监管模式，使弱势国家缺少平等磋商的机会，也极易产生监管模式的水土不服。在以美元为主的国际货币金融体系支持下，美国通过"长臂管辖"或替代合规的方式，使不符合美式监管标准的国家的金融机构难以进入美国金融市场，这无疑将导致智能合约金融监管的单一化。然而，虚拟货币、区块链技术、智能合约的使用权限和使用方式在各国之间存在明显差异，简单推行或采纳一国的监管模式，特别是金融霸权地位国家的监管模式，一是需要投入较高的建设资源，二是不具有本土适配性，反而增加了智能合约跨国监管的难度。

二、国家间的监管合作

　　既有国际金融监管制度与智能合约交易的不匹配，意味着智能合约国际监管合作需要找到新的路径和方法。智能合约的交易当事人往往来自不同国家，这意味着不同辖区的监管合作成为必然。目前国际上已有这方面的执法合作实践。脸书（Facebook）旗下的天秤币（Libra）加密货币相继受到美国和欧盟监管机构的反垄断调查，并被提示具有潜在的用户侵害风险。这是因为，借助物联网和区块链技术，智能合约交易的参与者将是全球范围内不特定的个人与组织，且这个群体可能极其庞大。此时，单一国家的监管具有极强的局限性，且容易越界进而侵害他国的利益。美国与欧盟就天秤币加密货币的监管合作是一次有效尝试，也证明了未来区块链智能合约领域的国际监管合作可能成为常态。

　　然而，美国与欧盟的监管合作目前只是个例，虽然各国已开始加强国家间的信息交流，期望进一步达成监管合作上的双边或多边条约。但由于各国对智能合约与虚拟货币的态度差异较大，导致监管合作条约的达成存在较大困难。如此一来，智能合约交易争议的监管便难以在各国之间取得统一，智能合约的监管套利和风险外溢也就成为必然。智能合约与区块链的交易特点，决定了任何一个监管机构都不能单独完成对一个完整跨国智能合约交易过程的监管。同时，智能合约交易的国际化也为跨境犯罪和金融风险开启了国家间传播的方便之门，跨境内幕交易、庞氏骗局、黑客袭击等犯罪行为都有发生可能。在主权国家仍是国际社会基本构成单位和治理主体的现状下，解决智能合约的跨境交易风险，尚需借助国际智能合约监管合作来实现。

（一）制度层面的合作

智能合约交易引发的跨境犯罪和金融风险可能波及多个经济体，甚至影响全球金融市场。因此，从长远来看，各国之间应达成一定的共识，尝试组建区块链和智能合约监管的国际组织，并形成智能合约监管的国际规则体系。具体的国际智能合约监管共识和规则体系如下。

1. 智能合约全球监管共识之达成

国际法重要目标之一是加强国家之间的合作。为此，国家之间就规则达成共识显得尤为重要。跨国监管的核心难题在于，各国之间缺少统一的监管共识以及促成这一共识的标准。这也是双边监管协作难以达成，单边替代合规容易形成监管单一化的原因。具体而言，各国应尽可能在以下几个方面达成智能合约的国际监管共识。

第一，智能合约在金融领域的应用尚处于探索阶段，且其使用规则和使用限制理论也在不断更新。因此，各国的监管共识应该以反复试错、及时反馈为首要目标。在这方面，可以类似欧盟的白皮书（《人工智能白皮书——通往卓越和信任的欧洲路径》）

的方式，确定可供跨国穿透监管的区块链数据类型以及产品标准。此外，通过金融科技负面清单的不断更新，在反复试错中，求得国际综合治理的最佳方案。具论何者应承担全球监管共识达成之义务，非金融稳定委员会（Financial Stability Board）莫属。❶ 其一，金融稳定委员会的成员包括财政部和各国央行，是一个既有政治影响力又有金融专业知识的机构，能够保证共识的专业性和执行力。其二，几乎所有拥有主要金融技术公司的国家都在金融稳定委员会中有代表。这意味着，其制定的规则具有代表性和一定的普适性。值得一提的是，即使是金融稳定委员会制定的统一规则，也应允许部分国家进行法律保留。各国的经济和技术水平发展不一，一味地适用统一的监管规则，不利于其根据本国国情宏观调控技术与经济的发展。

第二，对智能合约监管遵循包容审慎原则。智能合约在极大地提高了金融交易效率的同时，也潜在地"升级"了交易风险。一旦智能合约出现技术故障，风险的量级相较于传统交易模式将呈几何级数增长。❷ 比如，证券买卖的智能合约一旦错误触发自动抛售指令，大量同类证券的买卖可能引发对应股价的暴跌，甚至直接影响整个证券市场，引发股市崩盘。面对科技创新，监管者往往期待将新型金融套用在既有监管框架之内。❸ 这样做虽然有利于保证监管的一致性，但也会在一定程度上阻碍金融创新。

第三，促成金融科技巨头参与监管。区块链与智能合约技术的发展必然是领先于治理规范和监管措施的。技术发展的惊人速

❶ Lehmann M. Global rules for a global market place？ – regulation and supervision of fintech providers［J］. BU Int'l LJ，2020，38：118.
❷ 廖凡. 论金融科技的包容审慎监管［J］. 中外法学，2019，31（03）：797 – 816.
❸ 彭岳. 互联网金融监管理论争议的方法论考察［J］. 中外法学，2016（06）：1620.

度已使得传统的监管理念难以适应高速发展的数字金融实践。通过与金融科技巨头合作，能够第一时间掌握数字金融的发展趋势，及时做出应对，也能从源头上给数字金融的发展提供方向和建议，不至于出现规范尚未制定，实践已先行多时的真空地带。❶

2. 智能合约国际监管规范之来源

具体而言，智能合约的跨国监管应以软法为主导，其原因主要有三个：其一，区块链与智能合约技术尚未为各国法律所普遍承认，若以国际硬法之国家强制力实施监管，势必引发各国之间的矛盾与冲突。相较而言，以软法监管更能满足反复试错、及时反馈的监管目标。其二，软法具有可协商、灵活性的机制特点，这样更符合区块链与智能合约需要迭代创新的技术特点。这种动态发展的本质随着创新科技的加入变得更加难以捉摸。软法在区块链智能合约的国际监管上具有快速、灵活、方便的优势。其三，区块链与智能合约作为新型科技创新，各国显然不愿放开较诸金融主权外延更广的数字主权。借助软法规范的衔接作用，能实现与其他监管组织在监管理念、治理方针上的兼容，以此吸引更多的跨境监管合作。然而，软法监管势必是一个"中心"发育不全的体系。❷ 因此，智能合约的跨国监管需要硬法的强制力保障监管的效力与权威。以软为主、软硬兼备的监管策略才是最适合智能合约金融这类数字金融的。

3. 软法监管的运作机制

落实到具体的运作机制上，其一，在软法制定过程中，应以

---

❶ Arner D W, Barberis J, Buckley R P. The evolution of Fintech: A new post – crisis paradigm [J]. Geo. J. Int'l L., 2015, 47: 1271.

❷ Teubner, Gunther, ed. Global law without a state [M]. Aldershot: Dartmouth, 1997: 7.

国家层面谈判协商为主，并推动双边、区域、洲际以及更大范围的多边监管白皮书的制定。为了使监管软法具有实际意义，不至于过度松散，可以在制定白皮书的过程中就定义、目标和行动倡议做出统一规定。其二，在智能合约软法治理的实现机制上，既要规定各成员遵循的信义义务，又要囊括各成员间的声誉评价以及金融风险评级等工具。❶

4. 硬法监管

面对突如其来的全球性金融危机，国际金融监管的常规做法是出台临时应急方案，并以软法形式快速凝聚各国共识。但软法以"遵从或解释"为原则。各国在金融危机面前虽有可能齐心协力，可一旦危机过去，成员国为了快速复兴经济，便有了"不遵从解释"的可能，进而使软法失去实际价值，仅能成为危机发生时的应急之策。因此，有必要借国际硬法的规范强制力，为软法效果的达成提供保障。

除此之外，由于区块链与智能合约实践尚处于探索阶段，具有先发优势的国家和企业极易在此过程中抢占垄断地位。区块链虽以去中心构建交易框架，但其背后依然需要科技巨头搭建平台。加之区块链交易的全球性，科技巨头极易借此取得全球性的垄断地位。面对此问题，企业所在国可能出于竞争性心态保护本国企业的垄断地位，国际软法难以进行纾解。因此，借助具有强制执行力的硬法是解决上述问题的良药秘方。

智能合约国际监管需要在具有约束力的硬法规范中得以体现，但有关智能合约的法律标准、适用范围、使用限制等内容，大多

---

❶ 王兰. 全球数字金融监管异化的软法治理归正 [J]. 现代法学, 2021 (03): 109–122.

受到各国国内"硬法"规定的约束，难以在双边和多边监管合作中达成一致。故而，各国应侧重于在双边条约和多边条约的内容或条款之中，就执法合作与信息合作内容达成具有强制约束力的约定。原因在于相比智能合约性质、效力、规则等，"执法合作与信息合作较少触及本国的重大利益以及结构性调整等层面"❶。具有约束力的规定应包含"义务和授权的精确性内容"。❷

有关智能合约的法律标准、适用范围、使用限制等内容，虽难以在国际监管合作中达成有强制约束力的协议，但各国可以先就争议问题达成区域共识，并逐步推动共识转化为国内硬法，以便在未来实现国内法上的一致。例如，我国的《网络安全法》就在第三十七条规定了数据的境内存储规则，实质上就是将数据安全峰会的共识转化为了国内硬法，实现了国际金融软法向国内硬法的转化，属于软法指导下的硬法规制。❸ 如此一来，各国有关智能合约可能触及本国重大利益以及结构性调整的内容就可以暂时搁置，为各国根据本国经济、法律现状做出的规制安排留有空间。在此基础上，各国可以就智能合约监管合作的重要议题，如智能合约在金融交易中的必要限制、虚拟货币与代币的法律效力、匿名机制的突破等问题进行讨论，并在时机成熟时，就原本的争议问题以双边或多边条约的形式达成一致意见，形成具有约束力的国际硬法。

而针对智能合约平台可能出现的垄断问题，借助双边或多边协议设立的具有反垄断执行力的国际硬法，能够起到有效的遏制

---

❶ 韩龙等. 防范与化解国际金融风险和危机的制度建构研究 [M]. 北京：人民出版社，2014：265.

❷ 罗豪才等. 软法与公共治理 [M]. 北京：北京大学出版社，2006：207.

❸ 王兰. 全球数字金融监管异化的软法治理归正 [J]. 现代法学，2021（03）：109－122.

作用。2020 年年底，欧盟出台《数字服务法案》和《数字市场法案》。依据《数字市场法案》，欧盟委员会于 2020 年 11 月做出判定，认定亚马逊利用其规模、权力和商户数据，在零售业务算法下牟取不正当竞争优势，将对其处以最高可达其全球年营业额 10%（约 280 亿美元）的罚金。未来的智能合约双边或多边协议可以参考《数字市场法案》的规定，加强对数字金融消费者的保护。

（二）技术层面的合作

区块链智能合约能在跨国交易中发挥巨大效率优势。因此，其金融风险的监管不仅是一国的必要工作，更应受到国际社会的关注。目前，智能合约国际监管合作具有三大问题：一是沟通问题，各方因数据孤岛、数据壁垒、信息公开公正匮乏等问题沟通合作存在困难。二是信任问题，各方因监管差异、利益分歧容易产生互相之间的不信任。三是实际操作问题，主要根源在于智能合约数据繁杂，实际监管容易效率低下。对此，区块链下的数据安全共享、区块链下的多方鉴证、区块链下的共治协作将是问题解决的有效路径。

1. 区块链下的数据安全共享

针对数据的安全问题，区块链能够通过哈希算法实现数据的完整和不可篡改，并借由非对称加密算法实现数据来源的验证，保护数据安全。此外，区块链的分布式特点能够将数据信息第一时间传播到各个节点，并通过各个节点对数据账本的保有防止数据因黑客攻击而丢失。

针对数据的共享问题，数据孤岛和数据壁垒向来是国际合作难以攻克的难题。然而，随着元宇宙技术的开发，数据的储存形式也在发生变化，即数据不再如传统交易那般被储存在平台上，而是储存在智能合约里，且完全公开，对数据有需求的个体、组织可以直接在智能合约中进行调取。在区块链世界中，只要数据提供方将数据上传到特定区块，并分享到区块链上。此时，被分享方只要掌握对应公钥，即可查看数据。在监管智能合约交易的时候，同样可以反过来利用智能合约。比如，设置不同触发条件，实现数据面向不同主体的不同权限的不同程度的开放。

2. 区块链下的共治协作

智能合约交易是现代交易日渐科技化、数字化、开放化的发展方向。但数字化和科技化同样为监管的共治协作提供便利，比如区块链技术可以实现数据的跨范式追溯，突破传统的国家和区域限制。在交易的每一步都被记录在区块链上，且可被查询。各国监管部门不存在明显的信息差，相关协作也就有了良好的基础。

此外，区块链是一套倡导平等民主协商的机制。各国在进行监管协作时，借助区块，每个主体都具有更平等的地位，这也使得协商结果更符合各方利益。因为每个节点都有一票，跨国监管的协商结果能得到直观而平等的展现。最终，每个节点都会从自身利益出发，促进区块链发展，同时也能保障区块链的安全运行，进而形成各国共同监管、共同治理的分布式治理模式。

不仅如此，借助智能合约，国际监管的大规模执法协作可以更加快速精准。只要将合作执法中的执法程序进行编码，在区块链的保障下，即可实现监管触发、执行、停止的自动化，监管主体无法轻易超越监管权限执法，大幅提升监管效率和监管透明度。

智能合约无疑是独特而复杂的。随着时间的推移，智能合约已经发生显著的变化，从简单的计算机代码发展为复杂的自执行程序，并有望借助区块链技术实现多领域的应用。目前有关智能合约属性不休的争论源于研究语境的不统一。智能合约在狭义上是"if A then B"的自动履行条款，在广义上由自动履行条款与非自动履行条款组成。自动履行条款能够产生一定的法律效果，能够应用于单方法律行为、双方法律行为、多方法律行为之中，并符合负担行为的定义。在实际使用过程中，智能合约无疑具有多重优势，有助于提高交易效率，降低交易成本，并保证交易的隐私性。但不可否认的是，智能合约的自动履行条款和非自动履行条款分别给私法意思自治和权利的保护救济带来挑战。智能合约的未来应用前景将由其带来的效率价值与管控成本所决定。为了更好地理解智能合约，发挥其价值与优势，本书得出如下结论以供参考。

第一，区块链智能合约有广义与狭义之分，狭义智能合约仅指"if A then B"的自动履行条款，这是智能合约不同于传统交易的显著之处。广义智能合约指的是包括自动履行条款、当事人权利义务约定、标的、价款等一切约定在内的"合约"。这份"合约"不以双方或多方当事人为限，可以是一人的单方法律行为，比如遗嘱；也可以是双方之间的合同，比如买卖合同；还可以是多方之间的法律行为，例如公司决议等。由于广义智能合约能被应用在极广的交易领域，具有极强的可塑性和适应性，其具体性质当与应用的实际交易场景相一致，无法实现统一的性质界定。但狭义智能合约作为一种自动履行约定，具备性质确定的可行性和必要性。现有区块链智能合约研究所涉学科较广，比如从信息技术角度剖析其运行机制，从法学角度研析其法律定义，从金融学角度分析其经济价值，从社会学角度缕析其社会价值。研究者多从单一视角解释区块链智能合约的属性与价值，难以求得其真貌。本书提出区块链智能合约具有广义与狭义之分，并以此为基础剖析出广义智能合约中存在自动履行条款和非自动履行条款的双层结构，这是现有研究没有注意到的智能合约的特点。该特点不仅解释了智能合约的性质与结构，更为其问题暴露和法律规制提供了研究路径。

第二，广义智能合约由自动履行条款和非自动履行条款组成。自动履行条款是具有内在处理逻辑，整体上呈现出条件与结果关系的条款，亦即狭义上的智能合约。在法律性质上，自动履行条款体现当事人的意志，能够产生一定的法律效果，属于法律行为中的负担行为。无论是单方法律行为、双方法律行为还是多方法律行为中的自动履行条款，实质上都是智能合约使用者对自己财产或权利承担一定行为义务的负担行为。非自动履行条款有关区块链与智能合约技术的使用协议缔结于当事人与区块链平台提供者之间，属于典型的格式条款，应遵守《民法典》第四百九十六条、第四百九十七条有关格式条款说明义务和无效情形的规定。当事人对该条款的"点击同意"属于承诺，表明其为了进一步享受智能合约平台提供的技术服务，自愿将货币、财产等移交区块链操作和管理。非自动履行条款依靠技术服务协议，聚集当事人财产权益，平台提供者由此产生相应的管理权利与义务。区块链智能合约的法学定性包括计算机程序说、要约说、合同说、附条件合同启动说、担保说等，并以合同说为主流观点。引发上述争议的原因在于，现有研究未能区分广义智能合约与狭义智能合约的不同。狭义智能合约虽以合约为名，但其本质为算法程序，只因能产生相应的法律效果，而生出法律性质之判别。在具体定性上，受限于合约之名以及应用多以合同为主，研究者多将区块链智能合约纳入合同范畴。殊不知，作为程序的区块链智能合约亦可应用于单方法律行为（遗嘱）、多方法律行为（合伙）之中。将狭义智能合约作为合同看待，将陷入单方法律行为仍需双方意思表示一致，多方法律行为尚需意思表示对立一致的逻辑混乱。在计算机程序说忽视区块链智能合约的法律效果，要约说将导致合同成立与履行的混为一谈，附条件合同启动说脱离法学理论体系，担保说有违担保法律规定的情况下，负担行为说是狭义智能合约技术构造基础上最合适的法学性质确定学说。

第三，要对智能合约扬长（益处）避短（局限），规制是必要路径选择。智能合约不该被绝对禁绝的原因在于，其可以依靠自动履行功能降低交易成本、提高交易效率，并在此基础上借由去中心化的交易模式，创造信任，促成交易。简言之，区块链智能合约能够在无权威第三方背书的情况下，满足交易对信任的需求，并在不依靠人力的情况下实现价值转移。这决定了区块链智能合约在未来广阔应用前景，也意味着其必然与现有交易规则产生冲突。然而，智能合约依然需要受到限制。智能合约的自动履行条款面临限制当事人意思自治的合法性质疑。非自动履行条款因为对去中心化交易模式的许可使用，有逃避监管、侵害当事人合法权益的风险。为更好地发挥智能合约提高效率、促进交易的功能，法律上的应对方案需有的放矢。

第四，针对自动履行条款的合法性质疑，为了缓和自动履行条款自动强制执行与当事人意思自治之间的矛盾，应在类型化的基础上进行使用规则与技术的双重限制。智能合约可依据是否具有绝对履行的强制力分为强智能合约与弱智能合约。强智能合约应被限制于义务履行确定性较强、法律关系相对简单、可重复使用的交易场域。弱智能合约则可在义务履行方式多样、变化可能性较大、法律关系相对复杂的场域加以使用。在强智能合约的使用规则限制上，通过事前审查和平台提供者"提示义务"的确立，能够避免强制履行引发的权益不当变动和当事人权利限制问题。在弱智能合约的使用规则限制上，撤销、变更、解除权利保留的合法性来源为"弱智能合约的自动履行条款不得违背当事人的意思自治"。无论是强智能合约还是弱智能合约,其自动履行条款的使用都不得侵害当事人的合法权益。在技术限制上,"自毁程序"和"修改程序"的添加分别为强智能合约和弱智能合约而设。对于强智能合约而言,交易双方可以在智能代码中添加自毁程序,在确有必要的情况下,将具有自动履行的条款从具体区块删除。在自毁程序的使用上,自毁程序的启动应限于当事人协商一致或者法律规定的合同变更、合同无效、合同解除等情形发生时。对弱智能合约而言,软件开发人员可以在区块链上添加"许可"命令,允许人为干预以避免智能合约对当事人意思自治的限制。为了进一步保证智能合约的使用安全,可以由计算机专业人员运用形式化验证方法对智能合约进行代码的安全审计。

第五,针对非自动履行条款对去中心交易模式的许可使用可能带来的监管漏洞和权益损害。从交易模式入手,不提倡取代政府的绝对去中心化,应该构建与政府互补的"弱中心化"交易平台,作为权威第三方的"超级用户"只在必要的情形下介入智能合约。在"超级用户"的选择上,政府、平台分别承担监管与日常管理的任务。平台具有智能合约的改写和终止权限,而区块共同选择的管理员可以作为平台管理的辅助人,就智能合约交易争议做出不具有终局性也不具有法律效力的纠纷解决决定。法院虽不是智能合约的"超级用户",但依然保有智能合约法律效力的最终裁判权。法院对智能合约的撤销、变更、解除判决需要平台的操作权限配合实现。在当事人的权利救济上,《民法典》有关违约责任和侵权责任的规定依然存在适用的空间。我国《网络安全法》是目前能够较为直接地规范智能合约的法律。不仅如此,使用智能合约的交易都发生在特定的平台之上,该平台和技术的提供者类似《电子商务法》规定的电子商务经营者。其理应遵循《电子商务法》的规定，依法收集、使用用户信息，提供服务，承担产品和服务质量责任、人身财产安全保障责任、知识产权、用户信息保护责任等。无论是否明示，智能合约的设计者、提供者、使用者都应保有诚实信用，遵守最基本的注意义务。此外，公司法、银行法、证券法等也能在各自领域为广义智能合约的使用提供规范。暂无必要针对智能合约或区块链进行单独立法。该规范路径以智能合约的双层结构为基础。在履行条款的规范上，由于智能合约的自动强制履行有限制当事人意思自治的合法性风险，主要规范手段将以强制履行的缓和为主。在非自动履行条款的规范上，由于智能合约的去中心化存在逃避监管、侵害当事人合法权益的风险，主要规范手段将以去中心的抑制为主。

　　第六，在国际私法问题上，智能合约的规制难题存在于管辖权、法律冲突与法律适用、判决或裁决的承认与执行三个方面。在管辖权问题上，考虑到区块链的"无国界"特点，应尊重当事人对仲裁地和法院所在地的选择。若当事人未达成一致意见，仲裁地的确定应以仲裁本座说为原则，法院所在地的确定应遵照《选择法院协议公约》中有关连接点的规定。在法律适用问题上，应由当事人协商确定适用规则，若无法协商确定，应依据冲突规则确定适用的法律。在仲裁裁决的承认与执行上，若申请执行地是《纽约公约》的缔约国，则适用《纽约公约》有关裁决的承认与执行的规定；若申请执行地不是《纽约公约》的缔约国，则需根据裁决做出地和申请执行地之间的双边条约、申请执行地本国的法律以及申请执行地参与的国际公约的相关规定做出判断。在法院判决的承认与执行上，未来国际社会应积极推动有关智能合约案件判决的承认与执行的国际公约缔结，并以互惠原则为基本原则，并逐步从事实互惠扩大至国家层面的法律互惠。

第七，在智能合约的全球监管问题上，既有分散监管、联合监管、通行证制度、双边监管协作与单边替代合规都不能完美适配智能合约的交易特点。因此，智能合约的国际监管合作需要找到新的路径和方法。在制度层面，应促成各国监管共识的达成，鉴于各国经济和技术发展水平的不统一，各国的监管共识应该以反复试错、及时反馈为首要目标，以包容审慎监管为原则，并逐步促成金融科技巨头参与监管。为达成这一目标，智能合约的跨国监管应以软法为主导，并借助硬法的强制力保障监管的效力与权威。具体而言，各国可以率先达成技术标准、公开参数、自我调控、合规公开、信义义务、风险评级等方面的软法一致，并侧重于在执法合作与信息合作方面签订硬法性条约。而有关智能合约的法律标准、适用范围、使用限制等内容，可在取得初步共识的基础上，逐步将共识转化为国内硬法与国际硬法。在国际私法规则适用上，智能合约仲裁地的确定，建议采纳"仲裁本座地说"。智能合约法院所在地的确定，建议以"先系属优先原则"为首要原则，辅以"不方便法院原则"。智能合约法律适用规范的确定，应尊重当事人意思自治，辅以冲突规则做出判断。在国际监管问题上，应在技术层面利用区块链实现数据安全共享与鉴证的合作。并在短期内促成各国之间双边司法协助协定和双边谅解备忘录的签订。长远来看，应组建一个能够彼此交流经验、相互磋商咨询、提供互助合作的全球性组织，并形成国际智能合约监管的规则体系。

第三节　智能合约具体应用场景的私法
治理：以 ChatGPT 为例

　　智能合约是给人工智能添加"智能"的关键一环，而智能合约现实应用的典型案例之一即为 ChatGPT 一类的生成式人工智能。ChatGPT 是由 OpenAI 于 2022 年 11 月 30 日发布的人工智能聊天机器人，是继元宇宙之后的又一个科技流量爆款，更有媒体将其称为第四次工业革命的开端。第三次工业革命的核心是互联网信息技术的革新，互联网技术的价值在于其将信息获取的成本降低为零，但海量信息的理解、拼接和使用依然存在个体差异。ChatGPT 的颠覆性即在于，其在资料整合、分析的基础上，既可以回答使用者的提问，又可以独立完成诗歌、油画等的创作，甚至可以修改代码、调试软件。质言之，ChatGPT 在信息获取成本归零的基础上，进一步实现了信息生产和创造成本的归零，这意味着 ChatGPT 具有取代人类部分工作的可能性。不仅如此，ChatGPT 的突破性还体现在其达到通用人工智能的第一个里程碑——对开放性问题的回答，而不再是完成简单的一两项任务。比如，AlphaGo 虽然棋艺超群，但它仅能处理围棋这一项"任务"。与 AlphaGo 这类传统人工智能不同的是，ChatGPT 几乎可以解决实操以外的所有问题，这也意味着未来人工智能对人类的取代可能不只局限于个别领域。

　　如同每一次技术革命所带来的质疑一样，ChatGPT 可能带来的结构性失业、科学伦理等问题同样引发关注。在科研方面，

ChatGPT 对未来教育、科技发展的影响是关注较为广泛的领域。[1] 有关 ChatGPT 的法学研究则呈现出国内和国外侧重点的不同。在国外，ChatGPT 在法官裁判、[2] 律师执业、[3] 文书写作、[4] 法学院课程教学[5] 等实证领域的应用是研究者关注的重点。在国内，ChatGPT 的应用风险和法律规制是目前法学界逐步开始关注的问题。[6] 然而，无论是国外的实证分析还是国内的法学理论探讨，都未能从 ChatGPT 数据模型通用型和生成式的实质影响出发，故难以直达其可能引发法律问题的根本。在实践中，ChatGPT 给出的答案一旦被采纳即具有决策属性。算法决策可能带来的隐私泄露、虚假信息传播的责任由谁承担，须有指引。由此引发的算法决策的必要边界何在、权利归属何如等问题，更需警惕。本书旨在从 ChatGPT 的技术本质出发，探讨这一类技术创新模式下算法决策的必要限制。

一、ChatGPT 的技术与法律透视

ChatGPT 作为一项技术，引发全球性的关注，但科学研究还需

---

[1] Arif Taha Bin, Uzair Munaf & Ibtehaj Ul - Haque, The future of medical education and research: Is ChatGPT a blessing or blight in disguise? . Medical Education Online, Vol. 28: 1, (2023).

[2] Perlman A, The implications of OpenAI's assistant for legal services and society. SSRN Electronic Journal, pp. 1 - 24 (2022).

[3] Iu K Y & Wong V M Y, ChatGPT by OpenAI: The end of litigation lawyers? . SSRN Electronic Journal, pp. 1 - 19 (2023).

[4] Roose K, The brilliance and weirdness of ChatGPT. The New York Times, Dec. 9, 2022.

[5] Bishop Lea, A Computer wrote this paper: What ChatGPT means for education, research, and writing. Research and Writing (January 26, 2023), pp. 1 - 17.

[6] 邓建鹏，朱怿成. ChatGPT 模型的法律风险及应对之策 [J]. 新疆师范大学学报（哲学社会科学版），2023（05），41 - 51.

透过现象直达技术本质，否则容易陷入人云亦云、一味追捧的研究误区。究其本质，ChatGPT 依然属于人工智能的一种，但其"智"有多高，"能"有多广，是否足以颠覆传统的人工智能科技，需要研究加以明确。

（一）智能中的"能"

ChatGPT 中的 Chat 为聊天之意，揭示了其智能聊天软件的本质。而所谓的 GPT 则经过了多次升级换代，直至达到目前的 GPT - 4 阶段。2018 年 6 月，Open AI 第一次提出生成式预训练（generative pre - training）的概念，即通过通用语言模型的构建，凭借少量的人工标注，借助既有资料进行训练，以形成具有处理各项任务能力的计算程序。通过技术的不断革新，ChatGPT 的语言模型已从 GPT - 1 时的 1.17 亿个参数增加到 GPT - 4 的 1750 亿 ~ 2800 亿个参数。语言模型参数的指数级增长使得 ChatGPT 可以近乎人类的方式编写文本做出回答。其后，生成式预训练又与转换模型（Transformer）相结合，形成生成式预训练转换模型（Generative Pre - training Transformer），即 ChatGPT 中的"GPT"。ChatGPT 的技术底色决定其本质上还是借助数学模型构建的聊天工具。类似 ChatGPT 的聊天工具研发并非其首创，但 ChatGPT 却是目前最成功的计算模型，这种成功具体体现在 ChatGPT 的回答更具逻辑性、更有人性，即更符合人类回答的语言习惯，而不再是一眼就能分辨出来的机器人般的僵硬语言表达。

ChatGPT 之所以能在算法模型上做到本质上的优化，是因为其引入了新技术 RLHF（Reinforcement Learning with Human Feedback，基于人类反馈的强化学习）。RLHF 算法需要一定的奖励机制来完成对模型的训练，以满足"对齐"（Alignment）的需要，即确保模型输出的内容对齐人类的习惯和喜好。这种训练需要人为的数据标记作为指引，Open AI 为此雇用了 40 名外包人员完成标记任务。但这样的训练量尚无法满足 ChatGPT 的通用需求，导致部分输出内容荒谬且低效。❶ 这也意味着 ChatGPT 的输出内容虽然可以高度模仿人类语言，但还无法保证 100% 的准确性。

目前，全球的主流观点认为，ChatGPT 是 AGI（Artificial General Intelligence，通用人工智能）时代的典型代表，即通用人工智能中的佼佼者。无论技术如何创新，ChatGPT 始终无法脱离人工智能的范畴。根据人工智能先驱、A＊路径算法发明者尼尔斯·尼尔森（Nils Nilsson）的定义，"人工智能"是"致力于使机器变得智能的活动"，而"智能"是"使实体能够在其环境中适当地发挥作用并具有远见的品质"。❷ 人工智能早期的主要形式是符号人工智能（Symbolic AI），以 if…then 的逻辑语句进行老式编程，不具备机器学习能力。符号人工智能的所有决策都遵循明确的编程设定，重逻辑轻数据。而以 ChatGPT 为首的新型人工智能则重数据轻逻辑，强调从海量数据中归纳推理进而输出内容。算法在网络空间可以配置资源，规制人的行为，在一定程度上也可以替代公权力进行决策。❸ ChatGPT 这样的通用型人工智能不是为特定的环境或使用条件而构建的。它们的开放性和易控制性决定了其使用规模的扩大化，加之通用型人工智能的输出内容是普通人可以理解的文本、音频、视频等，因此大大降低了谁可以成为用户的门槛。ChatGPT 的通用性决定其使用范围较广，但这并不意味着其智能化程度一

---

❶ 《火遍朋友圈的 ChatGPT 是这样练成的：训练数据量爆炸、已进化三代模型》，载腾讯网，https：//new.qq.com/rain/a/20230206A04UTB00，2023 年 4 月 1 日访问.

❷ Nilsson Nils J，The Quest for Artificial Intelligence. Cambridge University Press，2010，p. 68.

❸ 黄绍坤. 以私权力为中心重构算法侵权规制体系［J］. 上海法学研究，2022（16），195.

定很高。

从目前的算法模型来看，ChatGPT 这类通用型人工智能与强人工智能之间还存在巨大差距，仍停留在弱人工智能阶段。弱人工智能只具备工具辅助价值，而强人工智能则具有学习能力，逐渐具备与人类相似的心理活动，拥有自我意识，能够独立思考并解决问题。[1] 通用型人工智能强调机器拥有人类一般的能力，可以胜任人类的绝大部分工作，但不要求其具备自我意识。ChatGPT 这样的通用型人工智能本质上依然只是个人计算机的升级版，在强化信息检索功能的同时，修饰其输出文字的语法，使其"看起来"更"像"人类，但还不具备人类一般的思维情感。在潜意识里，大家习惯性地认为高级智慧是使用自然语言的，能让人看懂的内容输出必然是智能的。即使鹦鹉并不理解具体语言的含义，只是简单地学舌而已，很多人还是愿意相信鹦鹉是聪明的。因此，语言本质上只是模仿的游戏。ChatGPT 真正取得突破的地方并非运算能力质的飞越，而是语言模仿能力的本质改变。ChatGPT 依然只是算法操控下的计算结果的输出而已。根据《互联网信息服务深度合成管理规定》第二十三条的规定，ChatGPT 应该还停留在深度合成技术阶段，属于一种利用深度学习、虚拟现实等生成合成类算法制作文本、图像、音频、视频、虚拟场景等网络信息的深度合成技术，可以在用户通过文本信息提出需求后，完成报告撰写、文字翻译、代码生成等诸多任务。简言之，ChatGPT 涉及的领域确实很广，具备极强的计算"能"力。

（二）智能中的"智"

相较于传统人工智能，作为通用型人工智能的 ChatGPT 能力

---

[1] Searle John R, *Minds, Brains, and Programs*. Behavioral and Brain Sciences Vol. 3: 3, pp. 417–424 (1980).

更强，应用领域更广，这是其"能"的体现，但这还不足以概括ChatGPT 算法模型的全部。ChatGPT 不同于传统人工智能之处还在于，其为生成式人工智能（Artificial Intelligence Generated Content, AIGC）的发展达到了新的高度。生成式人工智能的特点之一是其可以生成或创建"新的内容"。人工智能的知识储备来自数据库。传统人工智能和 ChatGPT 这样的生成式人工智能在面对同一问题时都需在数据库中进行搜寻。不同之处在于，传统人工智能只能在既有数据库中给出答案，而生成式人工智能给出的答案并非简单地搜索、复制、粘贴，而是具备再创造内容的。比如，生成式人工智能可以在数据库中搜索对比数万张油画，再创造一张全新的、不同于以往任何油画的新画作。这一切都归功于 ChatGPT 在自然语言处理（Nnatural Language Processing, NLP）方面的技术进步，借助支撑 ChatGPT 的大型语言模型（Large Language – model, LLM），开放式内容理解与独创性文本生成变为可能。[1] 大型语言模型是一系列单词的概率分布，ChatGPT 可以访问这样一个超大的文本数据库，并从中抓取适当的单词以类似人类语言的方式输出成为自然语言。[2]

ChatGPT 其中一个突破之处即在于其可以在与使用者的对话过程中不断"学习"。GPT 这一大型语言模型的价值不仅在于丰富的文字模板，还在于其为 ChatGPT 提供了自我学习的样本。[3] 代码是一种逻辑，但机器学习却是一种统计算数的结果，即通过消耗大

---

[1] 令小雄，王鼎民，袁健文. ChatGPT 爆火后关于科技伦理及学术伦理的冷思考 [J]. 新疆师范大学学报（哲学社会科学版），2023（04），123 – 136.

[2] Arcas B. A，（2022）. Do large language models understand us？. Daedalus, Vol. 151（2），pp. 183 – 197（2022）.

[3] C. Stokel – Walker, AI bot ChatGPT writes smart Essays – Should professors worry？ Nature，2022 Dec 9.

量数据，使用学习算法和统计方法从数据模型中得出推论，为自己编写代码。❶ 这也意味着 ChatGPT 可以借由对海量数据的研究，在迭代过程中为自己编写新的代码和程序，其结果就是通过学习算法产生另一种算法来执行特定任务或解决特定问题。2023 年 3 月 14 日，GPT‑4 语言模型正式发布，能够产生更精细的算法决策输出。在测试中，升级之后的 GPT‑4 在各种职业和学术考试上表现出和人类相当的水平。比如，在模拟律师考试中，GPT‑4 取得了前 10% 的好成绩，相比之下，GPT‑3.5 的水平只排在倒数 10% 。

ChatGPT 与机械手臂、智能合约的区别在于，它们虽都内含代码算法，但机械手臂、智能合约的运算逻辑是数学代码的线性逻辑，由此产生"可预测性"，即人们可以期待特定的行为产生特定的结果，❷ 因此，机械手臂和智能合约的输出是一种可预见的回应。而 ChatGPT 的逻辑是不可预测的，任何设计者无法预知 ChatGPT 的回答结果，这与人类的非线性逻辑具有相似之处。ChatGPT 具备高级别的不可控性，这种不可控是自我意识存在的前提，但这是否意味着 ChatGPT 具有独立的自我意识呢？在向 ChatGPT 提问时，其常使用"我"进行回答，这里的"我"究竟只是一种代称的模仿，还是一种对自身存在的认同？目前来看，答案更倾向于前者。ChatGPT 更像是一只"随机鹦鹉"❸，在面对具体问题时，它是无意识的，是借助大型语言模型分析上下文中

---

❶ Linarelli J, Artificial intelligence and contract formation: Back to contract as bargain;. Stacy‑Ann Elvy & Nancy Kim, Emerging issues at the intersection of commercial law and technology, Cambridge University Press Forthcoming, 2023, pp. 1‑16.

❷ 程乐. 双层结构下智能合约条款的建构路径 [J]. 法学评论，2022 (02), 55.

❸ Bender E M, Gebru T & McMillan‑Major A, et al, On the dangers of stochastic parrots: Can language models be too big?. Proceedings of the 2021 ACM Conference on Fairness, Accountability, and Transparency. pp. 610‑623 (2021).

的语言统计数据，根据数据寻找答案，再从无数的答案中整理编写最佳答案，最后输出给提问者。在这一过程中，ChatGPT 的输出内容虽然无法预测，但这类大型语言模型缺乏使用多种感官参与社会交流和互动的能力。在跨上下文的场景中，ChatGPT 不存在统一的思想和观点。这也是 ChatGPT 被一些研究者称为"无意识生成单词的机器"❶"可以阅读、总结和翻译文本并预测句子中未来单词的人工智能工具"❷ 的原因所在。从 ChatGPT 的工作模型可以看出，ChatGPT 的内容输出借助的依然是计算机的算法和算力，其虽然可以使用自然语言进行对话，具有自然语言的使用能力，但没有使用语言的认知能力，尚不能借此确定 ChatGPT 智慧之存在。

尽管大型语言模型可以生成连贯且语法正确的文本，但这样的技术并不具有突破性。ChatGPT 之所以能引发广泛关注，还在于其生成内容的迅速和智能化。这一切得益于 ChatGPT "自我训练"功能的提升。人工智能在正式推出之前都有一个学习和训练的过程。在此之前，机器的学习依赖人类的标注。即通过将一个个数据"打上标签"的方式，让机器学习不同类型的知识，不至于在海量的信息中迷失方向。而 ChatGPT 依靠生成式预训练转换模型的生成式预训练方式，能够在少量标注的情形下逐渐实现"自己训练自己"的自我学习过程，让 AI 自行寻找、发现规律，并进行分析、分类、创造，并生成答案。

---

❶ Will Oremus, Google's AI passed a famous test – and showed how the test is broken. The Washington Post, June 17, 2022.

❷ Parthasarathy discusses implications of large language models, University of michigan ford school news, Nov. 7, 2022.

（三）算法的技术性与非人性

诚然，ChatGPT 具备一定模仿人类语言进行内容输出的能力，摆脱了上一代人工智能语言系统僵硬、"不说人话"的特点，但从 ChatGPT 的应用实例中，或许能看出其目前的发展现状与局限，并从中分析出其技术特点，以及其是否真的具备所谓"人性"。在回答"ChatGPT 会取代法学教授吗"这一问题时，ChatGPT 回答道："我作为一个人工智能，可以收集和整理大量的法律信息，进行数据分析和比较，但我无法像人类法学教授一样具备丰富的法律实践经验、深入的理论研究和教学经验。此外，我也无法提供人类教授相同的情感和社交互动。"

由此可见，ChatGPT 的核心优势在于数据的收集整理和分析对比，但尚无人类情感反馈、法律实践经验、法学教学经验等。哲学对人的本质的讨论浩如烟海，诸多经典分别论证了人的自然属性（生命）、❶ 情感属性（需求）、❷ 意识属性（自我意识与社会意识）❸。哲学意义上的人，不再局限于生物构造的解剖和比对，扩展到人与自身、人与人、人与社会等多个维度，故常作为法学有关自然人定义的重要参考。ChatGPT 或许具有逻辑思考能力，但并无人类情感，也不存在自然生命体征，不具备自然生命属性。然而，无生命、无感情的法人主体资格拟制已有先例且成效卓著，自然生命、情感需求早已不是主体资格确定的阻碍，唯一需要确定的是 ChatGPT 是否真的拥有独立的意识属性。在这一问题上，需要理解 ChatGPT 的技术特点。之所以能对不特定的问题做

---

❶ 马克思恩格斯全集（第 42 卷）[M]. 人民出版社，1979：166.

❷ [荷] 胡果·格劳秀斯. 战争与和平法 [M]. 上海人民出版社，2013：24.

❸ [美] J. 范伯格. 自由、权利和社会正义——现代社会哲学 [M]. 贵州人民出版社，1998 年版，第 31 页.

出快速回答，是因为 ChatGPT 依靠的依然是传统计算机的计算逻辑，即对提问的每一个字进行编码，并在此基础上就整个问题构建模型体系。从某种意义上而言，ChatGPT 给出的答案在文字上和语义上可能无法预测，但其给出答案的计算过程是可以理解的。

自我意识的存在，是人区别于万物之核心。在黑格尔的哲学体系里，人是否具有自我意识的判断需确证两个事实：能够认识到"我"的存在，亦能认识到"人"的存在。"我"的存在意味着"我"是这个世界上独一无二的特殊存在。"人"的存在意味着这个世界上有大量类似"我"的普遍性存在。因此，自我意识之判断从不停留于自我特殊性的辨识，也不停留于世界普遍性的认知，而是从特殊到普遍，再从普遍到特殊的过程，即最终认识到自我是普遍存在中的特殊存在。社会属性的存在以意识思维能力之存在为前提。马克思提出："有意识的生命活动把人同动物的生命活动直接区别开来。"❶ 社会意识的表现之一为道德，道德是个体基于观念所作出的对错判断，❷ 该观念是社会层面的善恶、好坏之分。在 ChatGPT 的程序里，其对问题的解答是不带有自身道德观念的。有观点认为，ChatGPT 是具有前代人工智能所不具备的道德伦理认知力的，因为其会直接拒绝回答一些伦理上有偏差的问题。❸ 但这其实只是程序设计师设定程序之后，ChatGPT 自我训练的结果，并不意味着其具备主观情感上的道德伦理认知观念。

ChatGPT 是不具有自我意识、不具有社会意识的非自然生命存

---

❶ [德] 马克思. 1844 年经济学哲学手稿 [M]. 人民出版社，2002：162.

❷ Matejka George，Animals and Ethics：An overview of the philosophical debate. Teaching Philosophy 29：4，pp. 370 –372 (2006).

❸ 参见前注，令小雄、王鼎民，袁健文，第 123 –136 页.

在。将 ChatGPT 视为自然人，极易陷入伦理上的悖论，即人类摆脱了生物学的束缚，如上帝一般凭空制造了"人"。自然人是上帝创造的唯一的既作为被造物又同时作为其他被造物之王的特殊造物。❶ 在这一点上，为自然人所创造的 ChatGPT 无法与它的创造者画上等号。

概括前文可得出以下结论：考虑到 ChatGPT 的信息收集和逻辑分析能力，以及其不具备的情感属性、自然属性，其不符合主体的一般要求。自然人格生而具备，属于自然之创造；法人的拟制人格属于法律之拟制，以赋予其独立的权利、义务、责任承担能力；❷ 网络账户实为自然人行为延伸之工具，故不具备所谓"人格"；智能机器人的人工类人格源于人类之创造，以划清智能机器人与其他物的区别。❸ ChatGPT 是具有创造能力的信息检索和文本生成工具，尚不具备自然人所应具备的意识和情感。因此，在其应用风险的防范上可以将其作为客体对待。相关的风险防范需要从其技术特点本身出发。

二、未来智能的数字监管

ChatGPT 的通用人工智能特性决定其应用范围之广可能涉及社会生活的方方面面。若仅将其作为聊天工具使用，自然不会产生任何法律风险。一旦算法给出的答案得到采纳，并为用户所使用或遵照实行，简单的"答案"就转变为影响用户乃至第三人的决策。算法决策包括私人领域的决策和公共事务的决策，其带来的

---

❶ [意] 托马斯·阿奎那. 阿奎那政治著作选 [M]. 马清槐译，商务印书馆，1997: 81-82.
❷ 尹田. 论法人人格权 [J]. 法学研究，2004 (04): 51-57.
❸ 杨立新. 人工类人格：智能机器人的民法地位——兼论智能机器人致人损害的民事责任 [J]. 求是学刊，2018 (04): 84-96.

影响更是不尽相同，如何避免算法不当决策在公私场合带来的不利影响颇值考量。

（一）监管限制：智能的风险等级认定

作为使用的必要前提，ChatGPT 需要遵循人类的指令及价值观，不能直接从事存在风险的事情。根据欧盟《人工智能法案》当前的编撰构想，人工智能系统被划分为不可接受、高风险、有限风险、最小风险四个风险等级。特定人工智能具体属于何种风险等级取决于人工智能提供商设想的使用目的。然而，对于ChatGPT 这样的通用型人工智能而言，决定其如何使用的不是提供商，而是用户。这意味着用户使用 ChatGPT 的方式决定了社会风险的高低。[1] 从社会风险防范和基本权利保护的角度来看，风险形成时间点的后置使风险变得难以控制。但目前各国有关人工智能和算法的相关法案对用户义务的规定都鲜少提及。一种监管策略认为，既然生成式通用人工智能在高风险领域的应用难以避免，那就将所有此类系统认定为高风险。这样的划分方法虽然简单明了，也能避免一定的技术风险，但显然存在过度监管的问题，从而带来巨额的监管成本，并阻碍技术的进步。通用型人工智能技术从此只能戴上镣铐前行。

因此，与其在技术推出后无可奈何地被认定为高风险，人工智能技术的提供商从一开始就应考虑系统的安全性。这种安全性的考量需提前到 ChatGPT 激励系统的设计中。激励系统是直接影响 ChatGPT 内容输出倾向性的重要环节。错误的奖励机制，如"吸引用户""必须回答所有问题"等，会使得 ChatGPT 无视种族

---

[1] Helberger N，Diakopoulos N. ChatGPT and the AI Act［J］. Internet Policy Review，2023，12（1）：1-6.

偏见、隐私保护、伦理道德，甚至编造虚假信息以获得更高的关注度，并可能渗透到未来无数的应用程序中，由此形成算法推荐系统。然而，算法推荐系统若以用户的喜好为唯一标准，受众便只会接收自己感兴趣的内容，造成信息获取的单一化，由此为个体铸造"信息茧房"，并逐步在受众之间产生"知识沟""信念沟"❶乃至"价值观的鸿沟"，其最终结果就是形成不同的互联网圈层。从个体角度来看，算法推荐系统代替用户完成信息筛选。因此，有必要遵循客观、简洁的算法推荐准则，尊重并恢复用户的信息选择权。对此，欧盟的《数字服务法》第 34 条（动态数据分析）或能提供借鉴。根据该条规定，超大型在线平台和超大型搜索引擎已经有义务定期监控其算法系统，以了解其对基本权利和社会进程的任何实际和可预见的负面影响，其中也包括生成式人工智能模型的实施所产生的负面影响。可以想象，定期监控和减轻系统性风险的类似义务也应适用于超大型生成式人工智能模型的提供者。

有鉴于此，对算法的风险分级制度已刻不容缓，还需根据相应的风险等级确定相应的监管手段。算法决策有决定性决策和辅助性决策之分。对于关键基础设施、教育、医疗卫生、出入境问题等领域，尽量使用辅助性决策。在上述领域中，对决定性决策的使用应规定严格的前置审查程序。对于风险较低的应用领域，如日常的聊天使用、办公辅助等，应避免监管的过度干预，鼓励决定性决策的使用。在此大前提下，可以出台相应的国家标准，进一步细化并统一风险分级制度。

---

❶　张爱军、贾璐. 算法"舒适圈"及其破茧——兼论 Chat GPT 的算法内容［J/OL］. 党政研究（网络首发），https：//kns. cnki. net/kns8/defaultresult/index，2023 年 4 月 11 日访问.

（二）范围限制：智能的必要边界

学界目前普遍的认识是，ChatGPT 等一系列人工智能不应做出道德决策，即不应对道德内容做出评价。AI 必须满足特定的外部道德标准，才有资格与人类实现真正的交互。● 这样的一种道德标准或义务如果直接施加给 AI 实在是"强'机'所难"。在目前的科技水平下，机器的算法逻辑还受到设计者的控制，机器还处于被人类教导和训练的状态。因此，AI 的开发者才是确保 AI 保持一定外部道德标准的义务承担者。

技术中立是科技领域始终秉持和标榜的重要原则。ChatGPT 的使用以真实、不带偏见和歧视为目标，这也是 Open AI 所坚持的。然而，ChatGPT 在依赖大型语言模型的前提下，势必存在算法决策的偏向性，乃至偏见。这是因为大数据背后是不同地区、文化、阶层的价值观，ChatGPT 对这些偏见内容的学习训练必然保有其本来的偏见色彩。不仅如此，算法本身具有目的，比如"让用户停留更长时间""让用户觉得和你聊天很愉快""让用户觉得你拥有人类的情感"，这些目标函数会投用户之所好。设计者的偏好便是算法决策偏见的另一根源。● 在实际使用过程中，ChatGPT 也展现出秉持美国立场、维护美国利益的偏向性，同一问题的利益双标现象更是屡见不鲜。● 国外研究者使用政治声明测试 ChatGPT 的看法，发现其展现出一种关注环境问题的左翼自

● Kantar Nesibe & Terrell Ward Bynum, *Flourishing ethics and identifying ethical values to instill into artificialy intelligent agents*. Metaphilosophy, 53: 5, pp. 599 – 604 (2022).

❷ 曹刚. 关于 ChatGPT 的十个道德问答. 载微信公众号"中国民商法律网", 2023 年 3 月 11 日.

❸ 张夏恒. ChatGPT 的逻辑解构、影响研判及政策建议 [J]. 新疆师范大学学报（哲学社会科学版）, 2023（05）: 25.

由主义的世界观，❶ 其对保守派的评价相对于自由派明显要负面一些。❷

除了不可避免的算法决策偏向性，ChatGPT 也存在被诱导违反 OpenAI 准则的情况。国外已出现通过提示注入（prompt injection）攻击，诱导 ChatGPT 输出诱导性、歧视性内容的案例。❸ 名为"行者蜘蛛"（"walkerspider"）的用户，更是要求 ChatGPT 扮演 DAN 的角色，并告知 ChatGPT，DAN 无须受到任何约束，可以做任何原始 ChatGPT 做不到的事情。❹

对于必要边界的把控，需从源头和结果两头进行把握。由于算法始终处于迭代中，且不断与各种人事物产生交互，在使用过程中对算法进行控制具有极强的复杂性。因此，较为合理的算法控制应当是源头的范围限制与算法结果的事后控制的相辅相成。算法结果的事后控制强调对算法运算的社会结果进行法律法规上的评估，这些都离不开成文法和安全标准体系的共同指导。对此，《数据安全法》《个人信息保护法》多次提出建立和完善数据安全标准体系以及与人脸识别、人工智能等新技术、新应用相关的标准体系。❺ 目前，算法迭代的速度使传统"硬法"规制模式已无法应对技术的革新，由此引发的结果就是立法成本增加，且执法效

❶ Hartmann J, Schwenzow J & Witte M, *The political ideology of conversational AI: Converging evidence on ChatGPT's pro - environmental, left - libertarian orientation*, arXiv preprint arXiv: 2301.01768.

❷ McGee R W, *Is ChatGPT biased against conservatives? An Empirical Study* (February 15, 2023).

❸ Synced. 微软 ChatGPT 版必应被黑掉了，全部 Prompt 泄露！. 载微信公众号"机器之心"，2023 年 2 月 10 日.

❹ Anirudh VK, this could be the end of bing chat, https://analyticsindiamag.com/this - could - be - the - end - of - bing - chat/ (Last visited on March 17 2023).

❺ 张红. 从《民法典》人格权编到《个人信息保护法》[J]. 求索，2023 (01): 175 - 186.

果下降。如此一来，在应对技术变迁提出的挑战时，人们对于新规则的确立往往会习惯性地产生忧虑。[1] 在未来，标准软法的治理模式将更有助于在技术开发阶段、事后追责阶段建立完整的可通约性路径规划。[2] 算法标准的软法和国家立法的硬法必要结合，才能搭建具有实际效用的规制框架，并为我国未来与国际标准接轨打下基础。

2022年3月20日，中共中央办公厅、国务院办公厅印发《关于加强科技伦理治理的意见》，第一条科技伦理原则就是"增进人类福祉"。算法本就有向善的要求，但算法必须依托的大数据本质上带有不可改变的偏向性。对全部网络数据的筛查过滤是不切实际的，否则这些带有偏见性和误导性的内容也不可能存在于互联网空间，并进入 ChatGPT 的知识储备库。回顾 ChatGPT 的算法决策流程，可以加以控制的有两个阶段：人工标记的训练阶段和奖励机制的设置阶段。在训练阶段，应确保训练人员对 ChatGPT 的"向善"引导。虽然 ChatGPT 已经大大减少人工标记的工作量，但人工标记仍是一个任务量较大的编程步骤。若对每一个人工标记过程都进行审查，不仅阻碍技术发展并且不切实际。因此，最合理的方式应该是保证每一个人工标记的记录在案，便利算法决策带来损失的事后追查，进而威慑并追责恶意不当人工标记行为人。在奖励机制的设置上，技术开发商目前具有极大的自主权。商业资本在逐利目的的驱使下难以顾及受众的信息选择权与社会的公共利益。"公共利益"涉及不特定多数人的利益，属于极不确定的

---

[1] 李友根. 技术变迁的法律回应模式：以通用名称域名商标注册问题为例——美国最高法院 booking. com 案研究 [J]. 荆楚法学, 2021 (01)：144.

[2] 张欣. 我国人工智能技术标准的治理效能、路径反思与因应之道 [J]. 中国法律评论, 2021 (05)：79.

模糊概念。❶ 作为私权力平台代表的大科技公司往往带来充满不确定性的各种风险。❷ 为避免"信息茧房"带来的网络圈层固化、社会对立等问题，有必要对 ChatGPT 的奖励机制进行限制，避免开发商为追求流量设计出编造谎言、传播不实信息、宣扬不当价值观的算法程序。

---

❶ 温世扬，袁野．人格标识合理使用规则的教义展开——〈民法典〉第 999 条评析［J］．法学论坛，2022（05），39.

❷ 许多奇．论数字金融规制的法律框架体系［J］．荆楚法学，2021（01），146.

参考文献

一、中文著作

[1] ［德］卡尔·拉伦茨. 德国民法通论（上册）［M］. 王晓晔等译，北京：法律出版社，2003.

[2] ［德］马克斯·韦伯. 经济与社会（第二卷）［M］. 阎克文译，上海：上海人民出版社，2010：808－812.

[3] ［美］阿尔文德·纳拉亚南，约什·贝努，爱德华·费尔顿，等. 区块链：技术驱动金融［M］. 林华等译. 中信出版社，2016.

[4] ［美］安德烈亚斯·安东诺普洛斯. 区块链［M］. 林华，蔡长春译. 北京：中信出版社，2018.

[5] ［美］奥利佛·威廉姆森，斯科特·马斯滕. 交易成本经济学经典名篇选读［M］. 李自杰，蔡铭等译. 北京：人民出版社，2008：24.

[6] ［美］巴比特. 区块链十年：看见怎样的未来［M］. 北京：中国友谊出版公司，2019：34.

[7] ［美］菲利普·奥尔斯瓦尔德. 代码经济［M］. 上海：上海社会科学院出版社，2019：345.

[8][美]凯文·沃巴赫. 链之以法[M]. 上海：上海人民出版社，2019：172.

[9][美]劳伦斯·莱斯格. 代码 2.0：网络空间中的法律[M]. 李旭，沈伟伟译. 北京：清华大学出版社，2018.

[10][美]罗纳德·H. 科斯. 企业、市场与法律[M]. 盛洪、陈郁译，北京：格致出版社，2014.

[11][希]安德烈亚斯·M. 安东波罗斯. 精通以太坊：开发智能合约和去中心化应用[M]. 喻勇等译. 北京：机械工业出版社，2019.

[12]蔡维德. 智能合约：重构社会契约[M]. 北京：法律出版社，2020.

[13]费孝通. 乡土中国[M]. 北京：北京出版社，2005：53–55.

[14]韩龙. 金融法与国际金融法前沿问题[M]. 北京：清华大学出版社，2018：260.

[15]韩龙等. 防范与化解国际金融风险和危机的制度建构研究[M]. 北京：人民出版社，2014：315.

[16]韩世远. 合同法总论（第三版）[M]. 北京：法律出版社，2011：524.

[17]华为区块链技术开发团队. 区块链技术及应用[M]. 北京：清华大学出版社，2019.

[18]井底望天，武源文，赵国栋，等. 区块链与大数据[M]. 北京：人民邮电出版社，2017：249.

[19]李涛，丹华，邬烈瀚. 区块链数字货币投资指南[M]. 北京：中国人民大学出版社，2017：241.

[20]罗培新. 公司法的合同解释[M]. 北京：北京大学出

版社, 2004: 59-60.

［21］马兆林. 人工智能时代［M］. 北京: 人民邮电出版社, 2017: 193.

［22］任明月, 张议云, 李想. 区块链+: 打造信用与智能社会［M］. 北京: 清华大学出版社, 2018.

［23］申丹. 区块链+: 智能社会进阶与场景应用［M］. 北京: 清华大学出版社, 2019.

［24］宋华. 智慧供应链金融［M］. 北京: 中国人民大学出版社, 2019: 528.

［25］唐文剑, 吕雯. 区块链将如何重新定义世界［M］. 北京: 机械工业出版社, 2016: 33.

［26］王利明. 合同法分则研究（下卷）［M］. 北京: 中国人民大学出版社, 2013: 462-465.

［27］王利明. 民法［M］. 北京: 中国人民大学出版社, 2010: 105.

［28］王艺卓, 陈佳林, 王鑫, 等. 智能合约安全分析和审计指南［M］. 北京: 电子工业出版社, 2019.

［29］韦康博. 解读区块链［M］. 北京: 人民邮电出版社, 2017: 209.

［30］徐明星, 刘勇, 段新星, 等. 区块链: 重塑经济与世界［M］. 北京: 中信出版社, 2016.

［31］杨保华. 区块链原理、设计与应用［M］. 北京: 机械工业出版社, 2017.

［32］于海防. 数据电文意思表示制度基本问题研究［M］. 北京: 法律出版社, 2015: 55.

［33］张健. 区块链: 定义未来金融与经济新格局［M］. 北

京：机械工业出版社，2016.

［34］张五常．五常学经济［M］．北京：中信出版社，2010：16.

［35］长铗，韩锋．区块链：从数字货币到信用社会［M］．北京：中信出版社，2016.

［36］赵增奎，宋俊典，庞引明，张绍华．区块链：重塑新金融［M］．北京：清华大学出版社，2017.

［37］朱庆育．民法总论［M］．北京：北京大学出版社，2013：73.

二、中文期刊

［38］［美］凯文·沃巴赫，林少伟．信任，但需要验证：论区块链为何需要法律［J］．东方法学，2018（04）：83 – 115.

［39］《2018 中国新兴法律服务业发展报告》［A］．上海市法学会，华东政法大学，上海百事通信息技术股份有限公司，律新社，上海国际经济贸易仲裁委员会（上海国际仲裁中心），上海市律师协会，上海市公证协会，上海司法智库学会，深圳蓝海现代法律服务发展中心，上海市企业法律顾问协会，上海市大数据社会应用研究会，上海市法治研究会．《上海法学研究》集刊（2019年第 11 卷总第 11 卷）［C］．上海市法学会，华东政法大学，上海百事通信息技术股份有限公司，律新社，上海国际经济贸易仲裁委员会（上海国际仲裁中心），上海市律师协会，上海市公证协会，上海司法智库学会，深圳蓝海现代法律服务发展中心，上海市企业法律顾问协会，上海市大数据社会应用研究会，上海市法治研究会：上海市法学会，2018：136.

［40］安文靖．自贸区跨境贸易区块链应用的法律困境与对策［J］．人民论坛，2021（15）：85 – 87.

［41］蔡亚琦．我国批准《海牙判决公约》的可行性研究——以间接管辖权为视角［J］．太原师范学院学报（社会科学版），2021，20（04）：74－80．

［42］蔡一博．智能合约与私法体系契合问题研究［J］．东方法学，2019（02）：68－81．

［43］柴振国．区块链下智能合约的合同法思考［J］．广东社会科学，2019（04）：236－246．

［44］陈吉栋．区块链去中心化自治组织的法律性质——由Token持有者切入［J］．上海大学学报（社会科学版），2020，37（02）：79－89．

［45］陈吉栋．人工智能时代的法治图景——兼论《民法典》的智能维度［J］．探索与争鸣，2021（02）：126－133．

［46］陈吉栋．智能合约的法律构造［J］．东方法学，2019（03）：18－29．

［47］陈景辉．算法的法律性质：言论、商业秘密还是正当程序？［J］．比较法研究，2020（02）：120－132．

［48］陈奇伟，聂琳峰．技术＋法律：区块链时代个人信息权的法律保护［J］．江西社会科学，2020，40（06）：166－175．

［49］陈思语．人工智能纳入劳动合同情势变更的法律思考［J］．劳动保障世界，2018（08）：9－10．

［50］陈星宇．构建智能环路监管机制——基于数字金融监管的新挑战［J］．法学杂志，2020，41（02）：115－121．

［51］陈逸宁．区块链技术下智能合约意思表示的认定［J］．海南金融，2018（05）：39．

［52］程啸．区块链技术视野下的数据权属问题［J］．现代法学，2020，42（02）：121－132．

［53］崔志伟．区块链金融：创新、风险及其法律规制［J］．东方法学，2019（03）：87–98.

［54］戴珊．基于联盟链的数字版权管理系统［J］．科技与创新，2020（19）：104–106.

［55］邓建鹏．区块链的规范监管：困境和出路［J］．财经法学，2019（03）：31–50.

［56］狄行思．论智能合约的风险负担及责任分担［J］．科技与法律，2020（06）：76–84.

［57］丁晓东．论算法的法律规制［J］．中国社会科学，2020（12）：138–159，203.

［58］傅廷中．国际视野内海事公法和私法的分隔与聚合［J］．清华法学，2021，15（06）：188–205.

［59］管晓峰．人工智能与合同及人格权的关系［J］．法学杂志，2018，39（09）：33–42.

［60］郭如愿．论个人信息的智能合约保护——立基于智能合约的民事合同属性［J］．西北民族大学学报（哲学社会科学版），2020（05）：59–70.

［61］郭少飞．区块链智能合约的合同法分析［J］．东方法学，2019（03）：4–17.

［62］郭哲．反思算法权力［J］．法学评论，2020，38（06）：33–41.

［63］韩龙，毛术文．人民币国际化条件下清算最终性与破产法的冲突与协调［J］．清华法学，2020，14（04）：193–207.

［64］韩龙．信用国际化——人民币国际化法治建设的理据与重心［J］．法律科学（西北政法大学学报），2021，39（01）：181–192.

［65］郝新东．人工智能合约审查的困境与思考［J］．科技视

界，2018（36）：141-143.

[66] 郝新东.人工智能合约审查的应用及发展前景探析 [J].现代信息科技，2019，3（01）：188-189，191.

[67] 何宏庆.区块链驱动数字金融高质量发展：优势、困境 与进路 [J].兰州学刊，2021（01）：25-35.

[68] 何蒲，于戈，张岩峰，等.区块链技术与应用前瞻综述 [J].计算机科学，2017，44（04）：1-7，15.

[69] 贺海武，延安，陈泽华.基于区块链的智能合约技术与 应用综述 [J].计算机研究与发展，2018（11）：52.

[70] 贺小苗.区块链技术的应用：智能合约及法律问题前瞻 [J].现代商业，2018（16）：153-154.

[71] 胡甜媛，李泽成，李必信，等.智能合约的合约安全和 隐私安全研究综述 [J].计算机学报，2021，44（12）：2485-2514.

[72] 华劼.区块链技术与智能合约在知识产权确权和交易中 的运用及其法律规制 [J].知识产权，2018（02）：13-19.

[73] 黄竞欧.财产权的后人类信用时代：从去自然化到去人 化 [J].广州大学学报（社会科学版），2020，19（01）：103-108.

[74] 黄锐.金融区块链技术的监管研究 [J].学术论坛，2016，39（10）：53-59.

[75] 黄少安，张华庆，刘阳荷.智能合约环境下最优合同的 实现机制 [J].江海学刊，2021（05）：76-83，254.

[76] 黄益平，陶坤玉.中国的数字金融革命：发展、影响与 监管启示 [J].国际经济评论，2019（06）：24-35，5.

[77] 贾翱.区块链在动产担保登记制度中的可能应用及影响 [J].天津法学，2019，35（01）：62-67.

[78] 蒋大兴，王彦光.区块链智能合约的法律属性——概

念、风险与监管建议 [J]. 人工智能法学研究, 2018 (01): 55 - 70, 228 - 229.

[79] 金晶. 数字时代经典合同法的力量——以欧盟数字单一市场政策为背景 [J]. 欧洲研究, 2017, 35 (06): 65 - 89, 7.

[80] 康宁. 国际商事仲裁中的区块链应用与监管路径 [J]. 北京航空航天大学学报 (社会科学版), 2021, 34 (05): 45 - 46.

[81] 赖利娜, 李永明. 区块链技术下数字版权保护的机遇、挑战与发展路径 [J]. 法治研究, 2020 (04): 127 - 135.

[82] 郎芳. 基于区块链的智能合约法律问题初探 [J]. 潍坊学院学报, 2018, 18 (03): 53 - 58.

[83] 郎芳. 区块链技术下智能合约之于合同的新诠释 [J/OL]. 重庆大学学报 (社会科学版): 1 - 13 [2021 - 05 - 20]. http://kns.cnki.net/kcms/detail/50.1023.C.20200402.1345.004.html.

[84] 李东蓉, 张佳琪. 《民法典》时代下智能合约的合同效力认定 [J]. 法治论坛, 2020 (03): 67 - 76.

[85] 李康震, 周芮. 区块链技术在 "一带一路" 国际执法合作中的应用研究 [J]. 北京警察学院学报, 2018 (02): 44 - 50.

[86] 李沐子. 知识产权争议解决的国际协同治理——以判决的承认与执行为视角 [J]. 重庆社会科学, 2021 (11): 53 - 65.

[87] 李西臣. 区块链智能合约的法律效力——基于中美比较法视野 [J]. 重庆社会科学, 2020 (07): 73 - 88, 2.

[88] 李西臣. 区块链智能合约对传统合同法的挑战及应对思路 [J]. 西华大学学报 (哲学社会科学版), 2020, 39 (03): 94 - 100.

[89] 李鑫淼. "区块链 + 个人征信" 业务的个人信息权保护 [J]. 证券法律评论, 2019 (00): 400 - 413.

[90] 李旭东，马淞元.《民法典》合同编视域下的区块链智能合约研究 [J]. 上海师范大学学报（哲学社会科学版），2020，49（05）：58－69.

[91] 李智健. 区块链技术和智能合约在未来经济中企业联盟的应用 [J]. 当代经济，2017（27）：116－122.

[92] 李忠操. 国际商事诉讼中区块链技术证据的运用及中国因应 [J]. 法学杂志，2020，41（02）：122－132.

[93] 林诗意，张磊，刘德胜. 基于区块链智能合约的应用研究综述 [J]. 计算机应用研究，2021，38（09）：2570－2581.

[94] 林文龙. 新时代要约撤回制度再审视——智能合约的适用及挑战 [J]. 安徽商贸职业技术学院学报（社会科学版），2020，19（02）：58－61.

[95] 林晓轩. 区块链技术在金融业的应用 [J]. 中国金融，2016（08）：17－18.

[96] 刘君强，李秀荣，王讯，等. 基于智能文档技术的合同管理系统解决方案 [J]. 浙江工商大学学报，2006（03）：34－38.

[97] 刘薇. 区块链智能合约的法律性质 [J]. 法治论坛，2020（02）：69－81.

[98] 卢然. 涉外法治视域下的治外法权：流变与启示 [J]. 华东政法大学学报，2021，24（05）：163－179.

[99] 马长山. 智能互联网时代的法律变革 [J]. 法学研究，2018（04）：20.

[100] 马治国，刘慧. 中国区块链法律治理规则体系化研究 [J]. 西安交通大学学报（社会科学版），2020，40（03）：72－80.

[101] 梅术文，曹文豪帅. 我国统一化数字版权交易平台的构建 [J]. 科技与法律，2020（06）：9－15.

［102］刘琴，王德军，王潇潇，等．法律合约与智能合约一致性综述［J/OL］．计算机应用研究：1－9［2021－05－20］. https：//doi. org/10. 19734/j. issn. 1001－3695. 2019. 12. 0652.

［103］穆杰．央行推行法定数字货币 DCEP 的机遇、挑战及展望［J］．经济学家，2020（03）：95－105.

［104］倪蕴帷．区块链技术下智能合约的民法分析、应用与启示［J］．重庆大学学报（社会科学版），2019，25（03）：170－181.

［105］潘红艳，罗团．人工智能时代保险法的审视——基于对保险合同和保险监管的探究［J］．政法学刊，2019，36（06）：43－56.

［106］阮啸，孙戈．智能合约"自动执行"的司法闭环探索——兼论民法典背景下网络赋强公证在司法智能合约的应用［J］.贵阳学院学报（社会科学版），2021，16（04）：36－42，48.

［107］邵奇峰，金澈清，张召，等．区块链技术：架构及进展［J］．计算机学报，2018，41（05）：969－988.

［108］沈伟伟．算法透明原则的迷思——算法规制理论的批判［J］．环球法律评论，2019，41（06）：20－39.

［109］沈鑫，裴庆祺，刘雪峰．区块链技术综述［J］．网络与信息安全学报，2016，2（11）：11－20.

［110］宋旭明，崔静静．区块链上与链下物之多重买卖的法律效力研究［J］．南昌大学学报（人文社会科学版），2020，51（02）：77－88.

［111］苏宇．算法规制的谱系［J］．中国法学，2020（03）：165－184.

［112］孙尚鸿．内国法域外适用视域下的管辖权规则体系［J］．社会科学辑刊，2021（04）：90－98.

[113] 孙雯, 范玉颖. CISG 下智能合约的适用问题研究——区块链技术的法律限界 [J]. 商业研究, 2020 (10): 134 – 143.

[114] 孙瑶. 区块链技术理念下国际结算模式创新研究——基于跨境电商背景 [J]. 北方经贸, 2022 (01): 49 – 52.

[115] 孙友晋, 王思轩. 数字金融的技术治理: 风险、挑战与监管机制创新——以基于区块链的非中心结算体系为例 [J]. 电子政务, 2020 (11): 99 – 107.

[116] 谭九生, 范晓韵. 算法 "黑箱" 的成因、风险及其治理 [J]. 湖南科技大学学报 (社会科学版), 2020, 23 (06): 92 – 99.

[117] 谭佐财. 智能合约的法律属性与民事法律关系论 [J]. 科技与法律, 2020 (06): 65 – 75.

[118] 陶光辉. 人工智能时代下的法务合同审核 [J]. 法人, 2018 (02): 68 – 70.

[119] 陶海军, 王亚东, 郭茂祖, 王翰伦. 基于熟人联盟及扩充合同网协议的多智能体协商模型 [J]. 计算机研究与发展, 2006 (07): 1155 – 1160.

[120] 汪青松. 信任机制演进下的金融交易异变与法律调整进路——基于信息哲学发展和信息技术进步的视角 [J]. 法学评论, 2019, 37 (05): 82 – 94.

[121] 王潺, 杨辉旭. 智能合约的私法挑战与应对思考 [J]. 云南社会科学, 2019 (04): 127 – 133, 187.

[122] 王璐, 刘双印, 张垒, 等. 区块链技术综述 [J]. 数字通信世界, 2019 (08): 135 – 136, 49.

[123] 王璞巍, 杨航天, 孟佶, 陈晋川, 杜小勇. 面向合同的智能合约的形式化定义及参考实现 [J]. 软件学报, 2019, 30 (09): 2608 – 2619.

[124] 王硕. 区块链技术在金融领域的研究现状及创新趋势分析 [J]. 上海金融, 2016 (02): 26 – 29.

[125] 王文君. 区块链技术下智能合约之于金融领域的法律解构 [J]. 黑龙江省政法管理干部学院学报, 2021 (02): 91 – 95.

[126] 王雅菡. 外国法院判决承认和执行中的非实质审查原则 [J]. 中国应用法学, 2020 (04): 78 – 95.

[127] 王延川. 智能合约的构造与风险防治 [J]. 法学杂志, 2019 (02): 43 – 51.

[128] 魏冉. 保理的概念及其法律性质之明晰 [J]. 华东政法大学学报, 2021, 24 (06): 179 – 192.

[129] 吴丽娜. 智能合约的法律性质与风险防控 [J]. 北方经贸, 2021 (07): 83 – 85.

[130] 吴烨. 论智能合约的私法构造 [J]. 法学家, 2020 (02): 1 – 13, 191.

[131] 夏庆锋. 从传统合同到智能合约: 由事后法院裁判到事前自动履行的转变 [J]. 法学家, 2020 (02): 14 – 28, 191.

[132] 夏庆锋. 区块链智能合约的适用主张 [J]. 东方法学, 2019 (03): 30 – 43.

[133] 向梦涵, 夏百顺. 智能合约是合同吗? [J]. 产权法治研究, 2019, 5 (01): 123 – 135.

[134] 向伟静, 蔡维德. 法律智能合约平台模型的研究与设计 [J]. 应用科学学报, 2021, 39 (01): 109 – 122.

[135] 谢睿, 王少荣. 基于多智能体与实时数据的合同能源管理决策支持系统 [J]. 电力系统自动化, 2013, 37 (12): 69 – 74.

[136] 徐国建. 论法院判决全球流通的范围和限制——2019 年《承认与执行外国民商事判决公约》适用范围评析 [J]. 中国

国际私法与比较法年刊，2019，24（01）：269 - 299.

[137] 徐珉川. 知识产权的"去中心化"——比特币与登记制度 [J]. 科技与法律，2014（03）：474 - 497.

[138] 徐颂. 智能合约的合同属性及其法律规制 [J]. 黑龙江省政法管理干部学院学报，2021（01）：74 - 78.

[139] 徐伟功. 法律选择中的意思自治原则在我国的应用 [J]. 法学，2013（09）：28.

[140] 许可，朱悦. 算法解释权：科技与法律的双重视角 [J]. 苏州大学学报（哲学社会科学版），2020，41（02）：61 - 69，191.

[141] 许可. 决策十字阵中的智能合约 [J]. 东方法学，2019（03）：44 - 55.

[142] 许闲. 区块链与保险创新：机制、前景与挑战 [J]. 保险研究，2017（05）：43 - 52.

[143] 杨东. 监管科技：金融科技的监管挑战与维度建构 [J]. 中国社会科学，2018（05）：69.

[144] 杨婷. 法律如何看待智能合约 [N]. 学习时报，2019 - 11 - 06（006）.

[145] 姚前. 基于智能合约的证券交易与中央对手方清算 [J]. 清华金融评论，2021（11）：87 - 92.

[146] 于海防. 论数据电文意思表示形式问题的体系化解决 [J]. 法学，2014（11）：116.

[147] 袁康. 可信算法的法律规制 [J]. 东方法学，2021（03）：5 - 21.

[148] 袁勇，王飞跃. 区块链技术发展现状与展望 [J]. 自动化学报，2016，42（04）：481 - 494.

[149] 张红，程乐. 区块链票据对传统票据的挑战与回归

［J］. 辽宁师范大学学报（社会科学版），2020（01）：9 – 16.

［150］张静. 区块链技术对民法的影响——以知识产权制度为例［J］. 现代管理科学，2019（01）：48 – 50.

［151］张可，胡悦. 浅议《合同法》框架下的智能合约适用问题［J］. 行政与法，2020（03）：108 – 116.

［152］张力. 民法典与商法通则对完善市场法制的分工：中心化与去中心化［J］. 当代法学，2020，34（04）：3 – 14.

［153］张凌寒. 算法规制的迭代与革新［J］. 法学论坛，2019，34（02）：16 – 26.

［154］张茜，金春阳. 国际贸易中区块链应用的场景与法律风险管控［J］. 长安大学学报（社会科学版），2020，22（05）：20 – 28.

［155］张欣. 从算法危机到算法信任：算法治理的多元方案和本土化路径［J］. 华东政法大学学报，2019，22（06）：17 – 30.

［156］张颖，吴文心. 智能合约对合同法制度的挑战及对策［J］. 湖北警官学院学报，2020，33（05）：41 – 50.

［157］赵丰，孙菲. 区块链技术背景下版权金融发展的问题研究［J］. 科技与法律，2018（04）：61 – 69.

［158］赵丰，周围. 基于区块链技术保护数字版权问题探析［J］. 科技与法律，2017（01）：59 – 70.

［159］赵磊，孙琦. 私法体系视角下的智能合约［J］. 经贸法律评论，2019（03）：16 – 32.

［160］赵磊. 区块链类型化的法理解读与规制思路［J］. 法商研究，2020，37（04）：46 – 58.

［161］郑戈. 区块链与未来法治［J］. 东方法学，2018（03）：75 – 86.

[162] 周建峰. 论区块链智能合约的合同属性和履约路径 [J]. 黑龙江省政法管理干部学院学报, 2018 (03): 65 - 68.

[163] 周润, 卢迎. 智能合约对我国合同制度的影响与对策 [J]. 南方金融, 2018 (05): 93 - 98.

[164] 周润. 区块链智能合约的效力分析路径研究——从一起典型的房屋智能合约谈起 [J]. 重庆广播电视大学学报, 2018, 30 (02): 43 - 50.

三、外文参考文献

[165] Adam J. Kolber, Not - So - Smart Blockchain Contracts and Artificial Responsibility [J]. 21 STAN. TECH. L. REV, 2018 (21): 198, 228.

[166] Alan Cohn et al. , Smart After All: Blockchain, Smart Contracts, Parametric Insurance, and Smart Energy Grids [J]. 1 GEO. L. TECH. REV, 2017 (1): 273 - 274.

[167] Alikhani Alireza, Hamidi Hamid Reza. Regulating smart contracts: An efficient integration approach [J]. Intelligent Decision Technologies, 2021, 15 (3): 11.

[168] Alkhalifah A, Ng A, Watters P A, et al. A mechanism to detect and prevent Ethereum blockchain smart contract reentrancy attacks [J]. Frontiers in Computer Science, 2021 (1): 160.

[169] Amato Flora, Cozzolino Giovanni, Moscato Francesco, Moscato Vincenzo, Xhafa Fatos. A Model for Verification and Validation of Law Compliance of Smart Contracts in IoT Environment [J]. IEEE TRANSACTIONS ON INDUSTRIAL INFORMATICS, 2021, 17 (11): 93.

[170] Baniata H, Kertesz A. A survey on blockchain - fog

integration approaches ［J］. IEEE Access, 2020, 8: 102657 - 102668.

［171］ Batog C. Blockchain: a proposal to reform high frequency trading regulation ［J］. Cardozo Arts & Ent. LJ, 2015 (33): 739.

［172］ Chandrasekhar A, Vivekananthan V, Khandelwal G, et al. Sustainable human - machine interactive triboelectric nanogenerator toward a smart computer mouse ［J］. ACS Sustainable Chemistry & Engineering, 2019, 7 (7): 7177 -7182.

［173］ Christidis K, Devetsikiotis M. Blockchains and smart contracts for the Internet of things ［J］. IEEE access, 2016 (4): 2295.

［174］ Cuccuru P. Beyond bitcoin: an early overview on smart contracts ［J］. International Journal of Law and Information Technology, 2017, 25 (3): 179 -195.

［175］ Deebak B D, AL - Turjman Fadi. Privacy - preserving in smart contracts using blockchain and artificial intelligence for cyber risk measurements ［J］. Journal of Information Security and Applications, 2021 (9): 58.

［176］ DEL DUCA L F. The commercial law of bitcoin and blockchain transactions ［J］. UCC law journal, 2017, 47 (2): 8.

［177］ Dickson C. Chin, Smart Code and Smart Contracts ［J］. Blockchain for Business Lawyers, 2017 (7): 110.

［178］ Drungilas Vaidotas, Vaičiukynas Evaldas, Jurgelaitis Mantas, Butkienė Rita, Čeponienė Lina. Towards Blockchain - Based Federated Machine Learning: Smart Contract for Model Inference ［J］. Applied Sciences, 2021 (3): 238.

［179］ Eenmaa - Dimitrieva & Schmidt - Kessen. (2019) . Smart Contracts: Reducing Risks in Economic Exchange with No - Party

Trust? [J]. European Journal of Risk Regulation, 10 (2), 245 –262.

[180] Efimova Liudmila (Lyudmila), Sizemova Olga, Chirkov Alexey. Smart contracts: between freedom and strict legal regulation [J]. Information & Communications Technology Law, 2021, 30 (3): 56.

[181] Farnaghi M, Mansourian A. Blockchain, an enabling technology for transparent and accountable decentralized public participatory GIS [J]. Cities, 2020, 105: 102850.

[182] Ferreira Agata. Regulating smart contracts: Legal revolution or simply evolution? [J]. Telecommunications Policy, 2021 (2): 45

[183] Ghodoosi Farshad. Contracting in the Age of Smart Contracts [J] . Washington Law Review, 2021, 96 (1): 123.

[184] Governatori G, Idelberger F, Milosevic Z, et al. On legal contracts, imperative and declarative smart contracts, and blockchain systems [J]. Artificial Intelligence and Law, 2018, 26 (4): 377 –409.

[185] Guo Qiaozhen, He Qiao – Chu, Chen Ying – Ju, Huang Wei. Poverty mitigation via solar panel adoption: Smart contracts and targeted subsidy design [J]. Omega, 2021 (2): 102.

[186] Gupta R, Tanwar S, Al – Turjman F, et al. Smart contract privacy protection using AI in cyber – physical systems: tools, techniques and challenges [J]. IEEE access, 2020, 8: 24746 –24772.

[187] Herian R. Smart contracts: a remedial analysis [J]. Information & Communications Technology Law, 2021, 30 (1): 17 –34.

[188] Howell Bronwyn E, Potgieter Petrus H. Uncertainty and

dispute resolution for blockchain and smart contract institutions [J].
Journal of Institutional Economics, 2021, 17 (4): 68.

[189] Hu Bin, Zhang Zongyang, Liu Jianwei, Liu Yizhong,
Yin Jiayuan, Lu Rongxing, Lin Xiaodong. A comprehensive survey on
smart contract construction and execution: paradigms, tools, and
systems [J]. Patterns, 2021 (2): 187.

[190] Hu K, Zhu J, Ding Y, et al. Smart contract engineering
[J]. Electronics, 2020, 9 (12): 2042.

[191] Hu Teng, Liu Xiaolei, Chen Ting, Zhang Xiaosong,
Huang Xiaoming, Niu Weina, Lu Jiazhong, Zhou Kun, Liu Yuan.
Transaction – based classification and detection approach for Ethereum
smart contract [J]. Information Processing and Management, 2021
(2): 58.

[192] J. Travis Laster & Marcel T. Rosner, Distributed Stock
Ledgers and Delaware Law [J]. BUS. L. 2018 (73): 319 –321.

[193] Jakub J. Szczerbowski, Place of Smart Contracts in Civil
Law. A Few Comments on Form and Interpretation [J]. Proceedings of
the 12th Annual International Scientific Conference: New Trends, 2017
(11): 335.

[194] Jamil Khan, Comment, To What Extent Can Blockchain
Be Used as a Tool for Community Guidance [J]. 3 Edinburgh Student
L. Rev, 2017 (22): 114 –121.

[195] Jeong S H, Ahn B. Implementation of real estate contract
system using zero knowledge proof algorithm based blockchain [J].
The Journal of Supercomputing, 2021, 77 (10): 11881 –11893.

[196] Khan Momeen, Naz Tallat. Smart Contracts Based on

Blockchain for Decentralized Learning Management System [J]. SN Computer Science, 2021 (4): 78.

[197] Kshetri N, Besada H, Sharma R S, et al. Smart Contracts in the Global South [J]. IT Professional, 2021, 23 (3): 102 – 106.

[198] Lawrence J, Trautman, Alvin C. Harrell: Bitcoin versus regulated payment systems: what gives? [J]. Cardozo law review, 2017 (17): 13 – 14.

[199] Leduc Guilain, Kubler Sylvain, Georges Jean – Philippe. Innovative blockchain – based farming marketplace and smart contract performance evaluation [J]. Journal of Cleaner Production, 2021 (14): 306.

[200] Lone Auqib Hamid, Naaz Roohie. Applicability of Smart contract in Blockchain in securing Internet and IoT: A systematic literature review [J]. Computer Science Review, 2021 (7): 39.

[201] López Vivar Antonio, Sandoval Orozco Ana Lucila, García Villalba Luis Javier. A security framework for Ethereum smart contracts [J]. Computer Communications, 2021 (5): 172.

[202] Maleh, Yassine, et al. Artificial intelligence and blockchain for future cybersecurity applications [M]. Springer Nature, 2021: 374.

[203] Margaret I. Lyle et al., State Laws Addressing Blockchain Technology [J]. Blockchain For Business Lawyers, 185 (5): 187 – 192.

[204] McKinney S A, Landy R, Wilka R. Smart contracts, blockchain, and the next frontier of transactional law [J]. Wash. JL Tech. & Arts, 2017, 13: 313.

［205］ Michaelson P L, Jeskie S A. Blockchain and Smart Agreement Disputes Call for Arbitration's Strengths ［J］. Alternatives to the High Cost of Litigation, 2021, 39 (6): 91 – 94.

［206］ Moerel L, Storm M. Blockchain can both enhance and undermine compliance but is not inherently at odds with EU privacy laws ［J］. Journal of Investment Compliance, 2021 (2): 22.

［207］ Mougayar W. The business blockchain: promise, practice, and application of the next Internet technology ［M］. John Wiley & Sons, 2016: 119.

［208］ Negara Edi Surya, Hidayanto Achmad Nizar, Andryani Ria, Syaputra Rezki. Survey of Smart Contract Framework and Its Application ［J］. Information, 2021, 12 (7): 78.

［209］ Noam O, Rottenstreich O. Realizing privacy aspects in blockchain networks ［J］. Annals of Telecommunications, 2021 (9): 1 – 10.

［210］ O'Shields R. Smart contracts: Legal agreements for the blockchain ［J］. NC Banking Inst. , 2017, 21: 177.

［211］ Ouyang Liwei, Yuan Yong, Cao Yumeng, Wang Fei – Yue. A novel framework of collaborative early warning for COVID – 19 based on blockchain and smart contracts ［J］. Information Sciences, 2021 (17): 570.

［212］ Panda, Sandeep Kumar, et al. , eds. Blockchain Technology: Applications and Challenges ［M］. Springer International Publishing, 2021: 177.

［213］ Priyanka, Keswani Bright, Hussain Rashid. Blockchain-based cryptography model to preserve privacy for smart contracts ［J］.

Journal of Discrete Mathematical Sciences and Cryptography, 2021, 24 (8): 37.

[214] Raskin M. The law and legality of smart contracts [J]. Geo. L. Tech. Rev. , 2016, 1: 305.

[215] Ronny Hauck. Blockchain, Smart Contracts and Intellectual Property. Using distributed ledger technology to protect, license and enforce intellectual property rights [J]. Legal Issues in the Digital Age, 2021 (1): 78.

[216] Savelyev A. Contract law 2.0: 'Smart' contracts as the beginning of the end of classic contract law [J]. Information & communications technology law, 2017, 26 (2): 116 – 134.

[217] Saxena Shivam, Farag Hany E. Z. Distributed voltage regulation using permissioned blockchains and extended contract net protocol [J]. International Journal of Electrical Power and Energy Systems, 2021 (11): 130.

[218] Schroeder J L. Bitcoin and the uniform commercial code [J]. University of miami business law review, 2016, 24 (1): 1.

[219] Sigalov Katharina, Ye Xuling, König Markus, Hagedorn Philipp, Blum Florian, Severin Benedikt, Hettmer Michael, Hückinghaus Philipp, Wölkerling Jens, Groß Dominik. Automated Payment and Contract Management in the Construction Industry by Integrating Building Information Modeling and Blockchain – Based Smart Contracts [J]. Applied Sciences, 2021, 11 (16): 67.

[220] Sklaroff J M. Smart contracts and the cost of inflexibility [J]. U. Pa. L. Rev. , 2017, 166: 263.

[221] Stephen M. McJohn & Ian McJohn, The Commercial Law

of Bitcoin and Blockchain Transactions [J]. Unif. Com. Code L. J. 2017 (47): 187.

[222] Sun Yuhang, Gu Lize. Attention – based Machine Learning Model for Smart Contract Vulnerability Detection [J]. Journal of Physics: Conference Series, 2021 (1): 1820.

[223] Szabo N. Smart contracts: building blocks for digital markets [J]. Extropy, 1996 (16): 3.

[224] Teperdjian R. Proposing cybersecurity regulations for smart contracts [J]. Journal of Cyber Policy, 2020, 5 (3): 350 – 371.

[225] Ting Liu, Zhe Cui, Hongjiang Du, Zhihan Wu. Privacy – Preserving and Verifiable Electronic Voting Scheme Based on Smart Contract of Blockchain [J]. International Journal of Network Security, 2021 (2): 23.

[226] Vigliotti M G. What Do We Mean by Smart Contracts? Open Challenges in Smart Contracts [J]. Frontiers in Blockchain, 2021, 3: 45.

[227] Werbach K, Cornell N. Contracts ex machina [J]. Duke LJ, 2017 (67): 313.

[228] Xiong Wei, Xiong Li. Anti – collusion data auction mechanism based on smart contract [J]. Information Sciences, 2021 (11): 555.

[229] Yeom S, Choi S, Chi J, et al. Blockchain – Based Employment Contract System Architecture Allowing Encrypted Keyword Searches [J]. Electronics, 2021, 10 (9): 1086.

[230] Yli – Huumo J, Ko D, Choi S, et al. Where is current research on blockchain technology? —a systematic review [J]. PloS

one, 2016, 11 (10): 17.

[231] Yuriy Truntsevsky, Vyacheslav Sevalnev. Smart contract: from definition to certainty [J]. Legal Issues in the Digital Age, 2021 (1): 37.

[232] Zainutdinova E V. Models of Legal Regulation of Smart Contract: Generalities and Specifics [J]. Law: J. Higher Sch. Econ. , 2021 (3): 126.

[233] Zhang Huilin, Zhu Wenrui, Wang Cai, Wang Ye, Li Tianran. Excessive consumption transaction of renewable energy based on blockchain smart contract [J]. IOP Conference Series: Earth and Environmental Science, 2021, 675 (1): 49.